흥행의 천재
바넘

인물 탐구

01

# 흥행의 천재

# 바넘

강준만 지음

인물과
사상사

P. T. 바넘? 대부분의 독자들에겐 낯선 이름일 것이다. 혹 '바넘 효과'를 떠올리는 독자들이 있을지 모르겠다. 아닌 게 아니라 네이버에서 '바넘'으로 검색을 해보니 다음과 같은 기사 제목들이 뜬다.

「혈액형, 별자리 운세, 사주팔자 등에서 볼 수 있는 바넘 효과란?」

「포러 효과 뜻, 바넘 효과로도 불리는 이것의 의미는?」

「점괘와 바넘 효과의 관계」

「"A형은 소심?" 바넘 효과가 초래하는 '비효율' 극복하려면…」

「바넘 효과에 빠지지 말라」
「오늘의 운세─바넘 효과」

　'바넘 효과'란 사람들이 보편적으로 갖고 있는 성격이나 심리적 특징을 자신만의 특성으로 여기는 심리적 경향을 가리키는 말이다(자세한 논의는 본문에서 하기로 하자). 이렇듯 P. T. 바넘은 우리에겐 주로 '바넘 효과'의 주인공으로만 알려져 있지만, 그를 그런 용도로만 알고 넘어가는 건 아쉬운 일이다. 바넘은 그 이상으로 흥미로운 인물이기 때문이다.

　국내엔 바넘의 저서 가운데 『공감을 잡아라: 쇼맨 바넘의 속임수 읽기』와 『부의 황금률』이 번역·출간되었을 뿐, 바넘에 관한 이렇다 할 책이 나와 있지 않다. 바넘에 가장 주목해야 할 광고·홍보·PR 분야에서도 바넘은 그저 스쳐 지나가는 식으로만 다루어지고 있는 게 아닌가 하는 생각이 든다. 30여 년 전부터 바넘에 대해 깊은 관심을 갖고 있었던 나로선 이 모든 게 아쉽게 여겨져 결국 이 얇은 책이나마 내게 되었다.

우리말에 "속는 줄 알면서 속는다"는 말이 있다. 바넘의 활동을 한마디로 표현하라면 바로 이 말이다. 사람들은 바넘에게 속임을 당할 줄 알면서도 속임을 당하고 그렇게 당하는 걸 즐겼다. 참으로 이상한 일 아닌가? 그러나 그런 이상한 일은 우리 주변에서도 자주 벌어진다.

우리 사회에서 "속는 줄 알면서 속는다"는 말을 적용할 수 있는 가장 대표적인 분야는 바로 선거와 정치가 아닐까? 유권자들은 선거 때마다 정치인들에게 속는 줄 알면서도 속는 심정으로 투표소를 찾는다. 투표율이 낮다고 아우성치는 사람들도 있지만, 그런 속임의 반복을 생각하면 투표율은 낮다기보다는 매우 높은 편이라고 보는 게 옳지 않을까?

유권자들이 그렇게 속임을 당하는 걸 즐긴다고 말할 순 없겠지만, 선거 때마다 난무하는 각종 과대 또는 사기성 구호들을 묵묵히 감내하면서 기대를 완전히 포기하지 않는 걸 보면 즐기지 않는다고 말하기도 어렵다. 나는 바넘을 광고·홍보·PR 분야는 물론 정치·언론 분야에서도 다룰 만한 가치가 있다고 보는 관점에서 '엔터테인먼트 민주주의'라는 개념을 제시하고자 한다. 하지만 그런 의미 부여를 떠나서, 바넘은 흥행의 천재이자 희대의 엔터테이너였던 만큼 이 책을 재미있게 즐기는 것만으로도 족하리라.

2016년 1월
강준만

## "대중을 과대평가하지 마라"

"평생에 단 한 번뿐인 기회를 놓치지 마십시오!" "한정판. 수집가가 믿기 어려울 정도로 싼 특별 할인가에 내놓은 물건!" "도산으로 인한 최후의 폐업 대매출! 전 품목 완비! 저희는 영원히 문을 닫습니다! 다시 없는 기회! 유례없는 행사! 직접 확인하십시오!"

홈쇼핑에서부터 거리의 '폐업 바겐세일' 현장에 이르기까지 이와 같은 외침은 우리 주변에서 쉽게 들을 수 있다. 그런 선전술의 원조는 누구일까? 미국 광고학자 제임스 트위첼James B. Twitchell은 '서커스의 제왕' P. T. 바넘P. T.

Barnum, 1810~1891을 원조로 지목하면서 그에게 '야바위의 왕자'이자 '흥행의 천재'라는 별명을 선사한다.[1]

하지만 인구에 회자되는 명언들은 대부분 바넘의 선전술에 반하는 것들이다. 예컨대, 미국 제16대 대통령 에이브러햄 링컨Abraham Lincoln, 1809~1865이 남긴 명언 중 지금도 자주 인용되는 것 가운데 이런 게 있다. "모든 사람을 잠시 속일 수도 있고, 일부 사람을 영원히 속일 수도 있지만, 모든 사람을 영원히 속일 수는 없다You may fool all the people some of the time; you can even fool some of the people all the time; but you can't fool all of the people all the time."[2]

또 영국 출신의 세계적인 광고인 데이비드 오글비David Ogilvy, 1911~1999는 후배 광고인들에게 이런 명언을 남겼다. "소비자는 바보가 아니다. 당신의 배우자다The consumer is no fool, she is your wife."[3]

속임수가 난무할 것 같은 대표적인 분야가 정치와 광고일 텐데, 그 분야의 대가들이 이토록 고상한 말을 했으니 그들이 존경받는 건 당연하다 하겠다. 그러나 이들의 아름다운 말씀은 과연 늘 진실인가? 현장의 프로들은 고개를

—

二

갸우뚱할 게 틀림없다.

그 프로들을 대변하듯, 바넘은 단언한다. "지금 이 순간에도 속기 위해 태어나는 사람들이 있다There's a sucker born every minute." 이 말은 바넘의 경쟁자인 조지프 베시머 Joseph Bessimer가 바넘에게 타격을 주기 위해 지어낸 말이라는 설이 있지만, 바넘은 오히려 이 말을 자기가 한 것처럼 역이용했다고 하니 바넘의 말로 간주해도 무방할 것 같다.[4]

실제로 바넘은 비슷한 취지의 말을 많이 남겼다. 그는 "대부분의 사람을 대부분의 시간 동안 속일 수 있다"고 했으며, "사람들은 기만당하기를 좋아한다"고도 했다.[5] 그는 이런 말도 남겼다. "미국 대중의 취향을 과소평가해서 손해 본 사람은 아무도 없다Nobody ever lost a dollar by underestimating the taste of the American public."[6]

## 대중 저널리즘 혁명기의 '스토리텔링'

1810년 7월 5일 미국 코네티컷주 베설Bethel의 평범한 가정에서 태어나 청년 시절에 무작정 가출을 한 바넘은 잡화점에서 일하면서 어떤 물건에 대해 자신이 한마디를 하는 것이 그 물건에 가치를 부여함으로써 잘 팔리게 만들 수 있다는 것을 터득했다. 그는 특히 복권 판매에 재능을 보여 곧 복권 판매 대리점을 운영했는데, 그가 판매한 것은 복권이 아니라 '꿈'이었다. 어찌나 사람들을 잘 꼬드겼는지, 그의 복권 판매소는 곧 뉴잉글랜드 지역에서 가장 큰 대리점이 되었다.[7]

'꿈'이란 무엇인가? 그건 바로 '스토리'다. 어느 나라에서건 선거만 벌어졌다 하면 '스토리 열풍'이 대단하다. 가장 감동적인 스토리가 있는 후보와 정당이 이긴다는 말을 하는 사람이 많다. 바로 그런 '스토리텔링'의 원조가 바넘인 셈이다.[8]

바넘은 요즘 한국에서 유행하는 말로 하자면, 전형적인 '멀티형 인간'이었다. 동시에 손을 대는 일이 많았다는 뜻이다. 그는 1829년 주간지 『헤럴드오브프리덤The Herald of Freedom』을 창간해 자유주의적 개혁 운동을 펼쳤는데, 보수적인 원로 종교인들을 공격하다가 명예훼손으로 피소되어 2개월간 감옥살이를 하기도 했다. 1833년 복권 판매가 코네티컷주에서 금지되자 그는 1834년 말 가족과 함께 뉴욕으로 이주했다.

당시 미국은 대중 저널리즘의 혁명기를 맞고 있었다. 1833년 9월 3일 인쇄공 출신으로 노동자계급의 경제 사정과 기호를 잘 이해한 벤저민 데이Benjamin H. Day, 1810~1889가 1센트짜리 신문 『뉴욕선The New York Sun』을 창간한 것이 바로 그 혁명의 시발점이었다. 당시 신문들의 가격

一

二

707 BROADWAY N.Y.

스토리텔링의 원조라 할 수 있는 바넘은
전형적인 '멀티형 인간'이었다.

이 6센트(노동자의 주급은 5~6달러)였다는 걸 감안한다면, 이는 놀라운 '가격 파괴'였다. 이 신문의 내용은 주로 인간 흥미를 자극하는 것으로 선정적이었으며, 로컬 뉴스와 폭력에 관한 뉴스를 많이 다루었다. 이 신문의 발행부수는 창간 5개월여 후인 1834년 1월에 5,000부였으나, 6개월도 안 돼 8,000부(경쟁지의 2배)로 늘었고, 1836년엔 3만 부를 발행했다.[9]

『뉴욕선』이 대중의 관심을 끈 대표적인 '히트작'을 한 번 보기로 하자. 이 신문은 1835년 8월 25일부터 31일까지 연재 기사를 통해 아프리카 남단의 희망봉에 새로 설치한 대형 망원경으로 달을 관찰한 내용을 '독점 보도'한다면서 달에 생명체가 있다며 이렇게 주장했다. "이들은 높이가 1.2미터 정도이며, 얼굴만 제외하고는 짧고 구리색 광택이 나는 머리카락으로 덮여 있고, 얇은 막으로 된 날개를 갖고 있었다. 그 후로 관찰할 때마다 이들은 분명히 서로 대화를 나누고 있는 모습이었다."

물론 새빨간 거짓말이었다. 일반 대중은 물론 미국 예일대학의 과학자들까지 속아 넘어갔다. 당시 대중신문의 미덕은 '뻔뻔함'이었다. 『뉴욕선』은 거짓 기사를 게재한 것에 대해 참회하기는커녕 오히려 찬양하고 나섰다. 대중을 즐겁게 만들어준 풍자satire라고 우겼다. 실제로 이 사기 사건 이후 『뉴욕선』의 부수는 오히려 1만 5,000부에서 1만 9,000부로 증가되어 영국의 『더 타임스The Times』를 누르고 세계 최대의 발행부수를 자랑하는 신문이 되었으니, 그렇게 큰소리를 칠 만도 했다.

　　『뉴욕선』은 신문 가격이 1센트(페니)라는 이유로 '페니 신문'으로 불렸는데, 이들의 성공에 자극받아 페니 신문은 뉴욕은 물론 전국으로 파급되었다. 기존 신문들은 페니 신문의 보도 방식을 센세이셔널리즘sensationalism이라고 비판했는데, 그것은 페니 신문이 '뉴스'를 다루었기 때문이다. "어떻게 살인 사건이 보도될 수 있는가!" 이게 당시 기존 신문들이 갖고 있던 생각이었는데, 페니 신문이 그 고정관념을 깬 것이다. 그러니까 페니 신문은 현대적 의미의 뉴스라는 개념을 고안해낸 것이다.[10]

## 바넘의 최초 히트작, 161세의 조이스 헤스

　　페니 신문이 선구적인 신문 사업가들의 아이디어 하나로 가능했던 건 아니다. 더욱 중요한 건 사회적 변화였다. 인쇄기술의 발달, 교통과 통신 시설의 발달, 인구의 증가, 산업화에 의한 소득의 증대, 문맹률의 감소, 도시화 등이 페니 신문의 출현을 가능케 한 배경이었다. 페니 신문의 출현을 가능케 한 이런 사회적 조건의 변화가 확실하게 영향을 끼친 다른 분야는 엔터테인먼트였다. 이를 드라마틱하게 보여준 이가 바로 바넘이다.

　　여기서 중요한 것은 푼돈이나마 대중에게 소비할

수 있는 구매력이 생기면서 그들의 취향과 목소리가 점점 더 중요해지게 되었다는 사실이다. 특히 페니 신문들은 거대한 판매부수 덕분에 경제적으로 이익을 보게 되면서 정치 세력의 후원에서 독립할 수 있었다. 이는 정치의 성격과 내용의 변화를 불러오기 마련이다. 페니 신문은 대중 민주주의의 원인이자 결과였다. 이제 페니 신문의 성장과 똑같은 원리로, 정치를 포함한 전 분야에서 대중의 주목을 쟁취해야만 하는 '주목 투쟁'의 시대가 열린 셈이다.

뉴욕으로 이주한 바넘은 대중을 즐겁게 만들어주는 '쇼맨showman'을 자신의 생업으로 삼았다. 1835년 그의 최초 히트작이라 할 수 있는 조이스 헤스Joice Heth를 보자. 바넘은 헤스가 미국 초대 대통령인 조지 워싱턴George Washington, 1732~1799의 간호 노예였으며 161세라고 주장했다. 바넘은 161세라는 놀라운 나이에 대한 대중의 호기심을 자극하는 동시에 워싱턴을 강조하는 '애국 마케팅'을 펼쳤다. 이 '애국 마케팅'을 보여주는 광고의 한 대목을 감상해보자.

"조이스 헤스는 말할 것도 없이 이 세상에서 가장

—

二

놀랍고 흥미로운 인물이다. 그녀는 어거스틴 워싱턴(조지 워싱턴의 아버지)의 노예였고, 나중에 우리의 영웅적인 조상들을 이끌고 영광과 승리와 자유를 쟁취할 운명의 어린아이에게 최초의 옷을 입혀준 사람이었다. 그녀의 젊은 도련님, 조지 워싱턴을 얘기할 때마다 쓰는 그녀 자신의 표현대로 말하자면 '그녀는 그를 길렀다'." [11]

바넘의 선전술이 어찌나 뛰어난지 그녀를 보려고 수많은 사람이 몰려들었다. 얼마 후 사람들의 관심이 줄자 바넘은 스스로 신문사들에 익명의 고발 투고를 한다. 바넘이 대중을 속였다고 비난하면서 헤스는 사실 인조인간이라고 주장하는 내용의 편지였다. 물론 헤스는 인조인간이 아니라 진짜 인간이었다. 이게 보도되자 다시 대중의 관심이 폭증해 관람객이 크게 늘어났다. 이에 대해 바넘은 자서전에서 이렇게 말한다.

"이 때문에 조이스 헤스를 아직 보지 않은 사람들은 이 기발한 기계장치를 보기 위해 이제 안달이 났다. 이들뿐 아니라 그녀를 이미 보았던 사람들조차 다시 한 번 그녀를 보기를 원했다. 자신들이 정말로 속았는지 그렇지 않

은지 눈으로 확인하고 싶어서였다. 이런 일로 인해 관람객들은 다시 엄청나게 증가했다." [12]

　　다음 해인 1836년 헤스가 죽었다. 헤스가 살아 있을 때 어느 외과의사는 바넘에게 "헤스가 죽으면 검시를 해보고 싶다"고 요청했는데, 바넘은 '불행하게도' 이 요청을 수락하고 말았다. 검시 후 헤스의 나이는 161세는커녕 아마 80세도 넘지 않을 것이라는 게 밝혀지고 말았다. 『뉴욕선』이 이걸 대서특필했지만 대중은 좀처럼 믿으려고 하지 않았다. 그러자 바넘의 조수인 레비 라이먼Levi Lyman은 『뉴욕헤럴드New York Herald』의 발행인 제임스 고든 베넷James Gordon Bennett, 1795~1872을 접촉해 헤스는 살아 있으며 다른 곳에서 전시 중이라는 정보를 흘렸다. 『뉴욕헤럴드』는 이걸 대서특필했지만, 곧 오보임이 밝혀지고 말았다. 헤스가 죽은 건 분명한 사실이었으니 말이다.

　　과연 진실은 무엇이었을까? 바넘은 자서전에서 자신에게 헤스를 판 사람의 말을 전적으로 믿었다고 주장하면서도 이 모든 논란이 자신에게 도움이 되었다는 점만큼은 인정했다. "베넷은 그 이후 이 '조이스 헤스 사기극'과 관련해 나를 결코 용서하려고 하지 않았다.……어쨌건 이 문제에 관한 신문의 보도와 사회적 논란은 대중에게 내 이름을 알림으로써 흥행사로서의 입지를 굳히고자 했던 내 목적을 달성케 해주었다."[13]

요컨대, 바넘은 대중이 '논란controversy'을 사랑한다는 걸 간파한 것이다. 그는 "군중만큼 군중을 끌어들이는 것은 없다"고 했는데,[14] 논란이 불러올 '눈덩이 효과'를 한마디로 압축한 표현이라 할 수 있겠다. 이 점에서 보자면, 그는 오늘날 유행하는 이른바 '노이즈 마케팅noise marketing'의 원조라고도 할 수 있겠다.

### '보통 사람들의 시대'의 명암

바넘의 흥행은 매사가 이런 식이었지만, 대중은 바넘에 의해 속아 넘어가는 것마저 즐겼다. 중요한 건 사실이나 진실이 아니라 어떻게 해서건 대중의 호기심을 자극하는 것이었으며, 바넘의 성공 비결은 바로 그런 일을 잘하는 탁월한 홍보술이었다. 대중은 바넘의 쇼와 이벤트에 대해 비난이 쏟아지고 가짜냐 진짜냐 하는 논란이 벌어지는 걸 사랑했다.[15]

1841년 바넘은 뉴욕 브로드웨이 구석에 처박힌 존 스커더John Scudder의 아메리칸박물관American Museum 5층 건물과 그 안의 전시물을 사들였다. 그리고 곧 자신의 엽기적인 전시물들을 선보이기 시작했는데, 그런 물건의 전시에 '박물관'이라는 이름을 쓰는 것부터가 도발적이었다. 근엄하게만 여겨지던 '박물관' 개념을 대중화·속물화한 것이다. 지식인들의 비난이 쏟아졌지만 대중은 마냥 즐거워했다. 관객은 휴일도 없이 언제든 찾아갈 수 있었으며, 그것도 하루 종일 놀 수 있다는 점에서 편안함을 느꼈다. 이는 당시 미국을 휩쓸던 이른바 '잭슨 민주주의Jacksonian Democracy'의 특성이기도 했다.[16]

'잭슨 민주주의'는 미국 대통령 선거 운동의 분수령이 된 1828년 대선 이후 탄생한 것이다. 이 선거에서 최초로 여성, 흑인, 인디언을 제외한 백인 남자의 보통선거제 실시로 투표자는 이전보다 3배 이상 늘어났기 때문이다. 이 선거에서 승리한 제7대 대통령 앤드루 잭슨Andrew Jackson, 1767~1845의 지지자들은 잭슨의 승리가 '부자와 기득권 계층'을 상대로 한 '농부와 기능공들'의 승리라고 환호하면서 미국이 '보통 사람들의 시대the era of the common man'에 들어섰다고 주장했다.[17]

앤드루 잭슨 대통령의 취임식을 구경하기 위해
연방의회 의사당 앞에 집결한 농부와 노동자 등 보통 사람들은 잭슨을
'민주주의자', '우리와 같은 사람'이라고 치켜세웠다.

1829년 3월 4일 미국 전역에서 온 농부와 노동자 등 보통 사람들이 잭슨의 취임식을 구경하기 위해 연방의회 의사당 앞에 집결했다. 취임식이 끝난 후 이들은 신임 대통령과 악수하려고 백악관의 공개 환영회에 몰려들어와 회의장을 가득 메웠다. 흙투성이 장화를 신은 군중들은 이 방 저 방으로 몰려다니면서 카펫을 더럽히고 실내 장식품을 훼손했다. 술에 취한 남자들과 기절한 숙녀들로 난장판이 되었다. 밀려드는 사람들로 인해 압사 지경에 처한 잭슨은 뒷문으로 빠져나가 사설 숙소로 피해야만 했다. 잭슨의 정치 동료 아모스 켄들Amos Kendall, 1789~1869은 "이 날은 국민들이 자랑스럽게 생각하였던 날이었다"고 회고한 반면 연방대법원 판사 조지프 스토리Joseph Story, 1779~1845는 "'폭도'의 왕의 시대가 승리한 것 같다"고 비난했다.[18]

　　잭슨의 대통령 취임식 날 백악관에서 벌어진 난장판은 미국 정치의 전환 장면이었다. 보수파는 백악관의 난장판에 대해 "혹시 이것이 프랑스혁명의 개막이 아닌가"라고 우려했지만, 이것이 바로 소위 '잭슨 민주주의 Jacksonian Democracy'의 출발이었다. 사람들은 잭슨이 영어

철자를 틀리게 쓰는 것마저 좋게 보면서 그를 '민주주의자' 혹은 '우리와 같은 사람'이라고 치켜세우는 근거로 삼았다.[19]

## 대중의 '야바위' 사랑

    잭슨 민주주의의 그런 명암은 곧 바넘이 벌이는 일의 두 얼굴을 시사하는 것이기도 했다. 1842년 1월 1일 개관한 아메리칸박물관은 박물관, 동물원, 강연장, 밀랍 전시관, 극장, 쇼 무대 등을 조합한 잡탕이었으며, 엉뚱함의 극치이기도 했다. 바넘은 일부러 최악의 연주자들을 골라 건물 발코니에서 연주하게 했는데, 이는 구경꾼들이 그 연주의 소음이 듣기 싫어 박물관 안으로 입장한다는 바넘의 이론에 따른 것이었다.[20]

    트위첼은 "이 건물 안에 들어 있던 것들 중에서 보

이는 그대로의 것은 하나도 없었다. 모든 물건이 이야기를 갖고 있었다. 이 야바위꾼에게 그 건물은 하나의 사원寺院이었다. 그러나 그 시스템은 똑같았다. 모르긴 해도, 바넘이 자신의 박물관에서 '거꾸로 된 말'을 공개했을 때 불평을 한 사람은 아무도 없었을 것이다"며 다음과 같이 말한다.

　　　"이 '자연적인 변종'은 머리와 꼬리가 거꾸로 붙어 있었다. 호기심이 동해 돈을 내고 입장한 사람들의 눈에 들어온 것은 지극히 정상적으로 생긴 말이었다(단지 머리가 아니라 꼬리가 외양간에 매여 있었을 뿐). 또 바넘은 코뿔소를 유니콘이라고 광고했다. 미국에서 처음으로 공개된 하마는 '성서 속의 거수巨獸'로 불렸다. 사람들은 이 동물을 좋아했다. 바넘은 사람들을 북적거리는 전시장에서 밖으로 내보내고 싶을 때가 되면 '울 밖으로 나가는 길'이라는 문구가 크게 씌어진 입간판을 출입문 위에 가져다 놓았다. 진기한 물새 같은 것을 구경하게 되겠거니 하고 기대했던 손님들은 자신이 뜻밖에 전시장 밖으로 나와버렸다는 것을 알게 되었고, 도로 입장하기 위해서는 다시 돈을 지불해야 했다. 그래도 사람들은 화를 내기는커녕 마냥 재미있어 했다."[21]

一

二

돈을 내고 들어온 관객을 밖으로 나가게 만드는 트릭엔 'egress'라는 어려운 영어 단어가 동원되었다. egress는 '출구exit'란 뜻이지만, exit란 단어는 알아도 egress라는 단어를 아는 대중은 거의 없었다. 그래서 'This Way to the Egress'라는 안내 표지는 뭔가 진기한 것이 있겠거니 하는 호기심을 고조시키는 효과를 냈던 것이다.[22]

바넘은 아메리칸박물관을 개관한 그해에 피지 섬에서 잡혔다는 피지 인어Fejee Mermaid를 전시함으로써 세상을 또 한 번 떠들썩하게 만들었다. 이건 원숭이 미라와 마른 물고기를 조악하게 붙여서 만든 것이었지만, 대중의 호기심을 자극한 것이 중요할 뿐 진실은 별로 중요하지 않았다. 사람들은 그걸 보기 위해 몇 시간 동안 줄을 서는 걸 마다하지 않았다. 이에 대해 바넘은 훗날 박물관을 홍보하기 위한 유인술이었다고 밝히면서 이렇게 말했다. "나는 대중을 기만하는 것은 믿지 않습니다. 하지만 먼저 사람들을 유인한 다음 그들을 즐겁게 해주는 것은 믿습니다 don't believe in duping the public, but I believe in first attracting and then pleasing them."[23]

이와 관련, 트위첼은 "무엇을 팔건, 혹은 뭔가를 팔

때, 바넘은 첫 번째 법칙이 '사람 끌어모으기'임을 알고 있었다.……순회공연의 호객꾼은 외친다. '여러분이 한 번도 본 적이 없는 것을 보여드립니다!' '피~지'에서 온 '아름 ~다운' 인어를 보고 싶은가? '가슴을 드러내고 꼬리는 물고기처럼 생긴 미녀'의 환상적인 모습을 구경하고 싶은 가?"라면서 다음과 같이 말한다.

"이런 식으로 사람 끄는 행위를 좋아하지 않는 사람들은 그것을 엉터리 선전hype이라고 부른다. 19세기에는 이것을 야바위humbug라고 불렀다. 야바위는 'hoopla', 'ballyhoo', 'bunkum', 'flim-flap', 'claptrap', 'codswallop' 따위와 마찬가지로 당대의 새 어휘 목록에 포함되어 있었다. 이 말들은 미국만의 독특한 새로운 흥행 형식, 즉 매스컴에 의한 조작극, 다시 말해 약속은 거창하나 주는 것은 별 볼일 없는, 그리고 뭔가를 소비하고 돌아와야 하는 일을 묘사하기 위한 새로운 표현들이었다. 바로 이것이 바넘이 역사상 최초로 터득했던, 매스컴을 통한 조작극과 같은 종류의 쇼다."[24]

역사가 대니얼 부어스틴Daniel Boorstin, 1914~2004은 "바

넘의 성공 이유는 대중이 쉽게 속임을 당하는 것을 발견한 데에 있는 게 아니라, 대중이 속임을 당하는 걸 즐기며 특히 그 속임의 메커니즘을 알게 될 때에 더욱 그렇다는 것을 발견한 데에 있다"고 했다. 닐 게이블러Neal Gabler, 1950~는 바넘의 이런 수법을 현대에 가장 잘 활용한 이가 바로 팝스타 마돈나Madonna, 1958-라고 주장한다.[25]

## 미국과 영국에서 대박을 친 '톰 섬'

북미 대륙에 백인들이 나타나기 전 대평원의 주인 공은 버펄로buffalo였다.[26] 버펄로는 인디언의 주요 식량이 었지만, 버펄로와 인디언은 얼마든지 공존할 수 있었다. 인 디언은 자신들의 생존에 필요한 만큼만 버펄로를 사냥했 기 때문이다. 버펄로에게 비극이 닥친 건 백인들의 총질이 시작되면서부터였다. 유럽인들이 처음 도착했을 때 북아 메리카엔 4,000만 마리의 버펄로가 있었는데, 1830년대부 터 고기와 가죽을 목적으로 하거나 그냥 재미 삼아 총질을 해대는 상업적 사냥이 시작되면서 급감하기 시작했다.

1843년 8월 말 뉴욕 신문들엔 '끝내주는 버펄로 사냥이 공짜Grand Buffalo Hunt, Free of Charge'라는 제목의 광고가 실렸다. 서부에서 목숨 걸고 잡아온 버펄로 떼를 뉴저지주 호보켄Hoboken에서 공짜로 사냥할 수 있다니 어찌 뉴욕 시민들이 반기지 않을 수 있었으랴. 수많은 사람이 몰려들었는데, 그들이 막상 현장에 가서 본 것은 거의 움직이지 않을 정도로 약하거나 길들여진 버펄로였다. 뒤늦게 속았다는 걸 알아챈 사람들은 분노하기는커녕 오히려 그 상황을 재미있게 받아들였다.

그 광고를 낸 흥행업자는 바로 바넘이었다. 바넘은 왜 그런 짓을 벌인 걸까? 공짜였으니 돈을 벌 일도 없었을 텐데 말이다. 비밀은 교통비를 나눠먹는 것에 있었다. 뉴욕에서 호보켄까지 가는 데엔 여객선을 이용해야 했는데, 바넘은 여객선 업자와 짜고 이익의 일부를 나눠먹기로 한 것이다. 이 또한 대중의 '야바위 사랑'을 말해주는 일화가 아니고 무엇이랴.[27]

그렇다고 해서 바넘이 야바위만으로 흥행을 한 건 아니다. 늘 어느 정도의 야바위는 약방의 감초처럼 들어갔지만, 제법 그럴듯한 볼거리도 제공했다. 이 버펄로 야바위가 일어난 1843년 바넘은 코네티컷주 고향 근처 브리지포트Bridgeport에서 '발견'한 찰스 스트래턴Charles S. Stratton, 1838~1883이라는 난쟁이를 대중에게 소개했다.

스트래턴은 키 64센티미터, 체중 7킬로그램, 나이 5세에 불과했지만, 대단히 조숙해 영악할 정도로 똑똑했거니와 말도 잘하고 잘 까불고 노래도 하고 유명인 흉내도 냄으로써 대중의 폭발적인 인기를 끌었다. 스트래턴은 원래 극도로 수줍어했지만, 물론 바넘이 그를 집중 훈련시켜 엔터테이너로 바꿔 놓은 것이다.

우선 이름부터 톰 섬 장군General Tom Thumb으로 갈아치웠다. 톰 섬은 영국 전래의 이야기에 등장하는 주인공으로 말 그대로 키가 엄지thumb만 하다고 해서 붙은 이름인데, 바넘은 사실과 다르게 스트래턴을 '영국에서 방금 도착한 톰 섬 장군'으로 대중에게 소개했다. 나이도 12세로 속였다. 바넘은 자서전에서 이 2가지 속임수에 대해 밝히면서도 정상을 참작해달라고 호소한다.

바넘은 "그 소년은 분명 난쟁이였다. 나는 그 아이

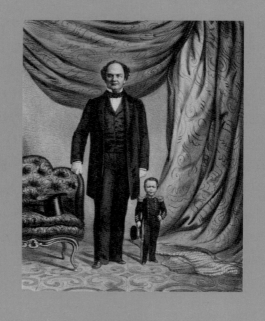

톰 섬은 원래 극도로 수줍어하는 성격이었지만,
바넘에 의해 엔터테이너로 다시 태어났다.

가 생후 6개월 이후로 발육 부진을 겪었다는 믿을 만한 증거도 가지고 있었다. 하지만 그 아이의 나이가 5살이라고 알렸다면, 사람들의 흥미나 관심을 끌어내는 데 실패했을 것이다. 내가 목표한 바는 대중들에게 그가 진짜 난쟁이라는 점을 좀더 명확하게 드러내는 것이었다. 그리고 나는 적어도 이에 관한 한 사람들을 속이지 않은 것이다. 또 사실 그 아이가 어디서 태어났고 어디 출신이라는 것은 하찮은 문제였다"며 다음과 같이 주장했다.

"사람들은 전시장에 와서 그들이 믿고 바라던 바를 보았으며, 만약 그들이 자신이 낸 돈만큼 만족하지 못했다면 그것은 그들의 책임일 것이다. 나는 오랫동안 미국인들이 유럽의 이국적 색채에 대해 지닌 환상을 목격해왔다. 이 톰 섬 장군이라는 난쟁이로 새로운 시도를 하고 있는 동안 내가 벌인 속임수든 어떤 것이든 그것에 의해 우리 미국인들이 자신들의 이런 이국 취향을 되짚어볼 수 있는 조그마한 계기라도 마련될 수 있었다면, 내가 여기서 인정하고 있는 죄과를 다소나마 용서받지 않을까 싶다."[28]

톰 섬의 인기가 유럽까지 알려지자 바넘은 그를 데

리고 1844~1846년 유럽 순회공연에 나섰다. 영국 버킹엄 궁전을 방문해 빅토리아 여왕Queen Alexandrina Victoria, 1819~1901 앞에서 성공적인 공연을 하자, 이게 또 홍보 효과를 낳아 유럽 각국의 황실에 초청되는 등 홍행에 대성공을 거두었다.

### '스웨덴의 나이팅게일', 제니 린드 열풍

자신의 이름이 '야바위의 왕자'로만 기억되는 게 싫었던 걸까? 바넘은 1850~1851년엔 '스웨덴의 나이팅게일'로 불리면서 유럽에서 큰 인기를 얻고 있던 소프라노 가수 제니 린드Jenny Lind, 1820~1887를 미국에 초청해 전국 순회 장기공연을 벌이는 모험을 감행했다. 물론 이 모험은 대성공을 거둬 그에게 엄청난 수입을 안겨주었지만, 바넘도 처음엔 긴장하지 않을 수 없을 만큼 위험한 일이었다. 그는 자서전에서 당시의 심경을 다음과 같이 밝혔다.

"'대중'은 매우 기이한 동물이다. 인간의 본질에 대

한 통찰력으로 대중들에게 즐거움을 가져다주는 방법을 찾아낼 수 있는 것은 사실이지만, 그럼에도 그들은 변덕스럽고 종종 예상을 벗어난다. 대중을 예측하는 데 조금이라도 실수가 있으면 아무리 유망한 사업도 단번에 주저앉아버릴 수 있다.……내 이름이 오랫동안 '사기꾼'을 연상시켜왔던 사실, 그리고 미국의 대중들이 내가 하는 일이 원숭이 가죽이나 죽은 인어를 전시하는 정도라고 믿는 사실이 이 사업에 커다란 위험 요소가 될 것이다."[29]

어떻게 그런 위험 요소를 넘어설 것인가? 바넘이 내린 결론은 광고와 홍보였다. 당시 린드는 미국엔 거의 알려져 있지 않던 인물이었지만, 바넘은 린드의 미국 도착 전 엄청난 광고·홍보 공세를 퍼부어 미국인들이 얼굴도 보지 못한 린드에 열광하게 만드는 '홍보의 승리'를 거두었다. 바넘이 직접 봉급을 주면서 관리하던 언론인만 26명에 이르렀을 정도로 언론을 마음대로 주무를 수 있었다는 점도 무시할 수 없는 요인이긴 했지만,[30] 바넘은 대중이 무엇에 열광하는지 그 핵심을 꿰뚫어본 '흥행의 천재'였다는 점이 결정적인 이유였다.

린드는 신앙심이 깊고 자선사업도 많이 하는 등 '경건, 순수, 관대'의 이미지가 강한 여성이었다. 이런 덕목은 당시 미국에선 대중적 지지와 열광의 요소가 될 수 있는 것이었다. 바넘은 린드의 '다른 그 누구도 흉내내지 못할 아름다운 목소리'를 강조하는 동시에 그녀를 '자비와 순수, 친절의 화신'으로 묘사하고, 미국인들의 애국심을 자극할 수 있는 그녀의 '미국 사랑'을 집중 홍보함으로써 '린드 열풍'을 불러일으켰다.[31] 예컨대, 1850년 2월 뉴욕의 여러 신문엔 린드를 소개하는 바넘의 편지가 게재되었다. 이 편지에서 바넘은 다음과 같이 말했다.

"린드 양은 내가 제시한 조건보다 좋은 조건의 제안을 수없이 많이 받았다. 하지만 그녀는 미국에 오기를 열망했다. 그녀는 미국이란 나라와 그 제도에 대해 칭찬을 아끼지 않았고, 눈앞에 제시되는 돈이 그녀의 행동을 결정하는 것은 결코 아니라고 말했다.……영국에서 데뷔 무대를 치른 이래 그녀는 사재를 털어 빈민들을 도왔고, 그 금액은 굳이 따지자면 그녀와의 계약으로 내가 지불해야 할 금액보다 더 많은 돈이다. 그리고 영국에서 무료로 자선 공연을 펼쳐 그보다 10배는 더 많은 수익금을 빈민들에게 나누어 주었던 것이다."[32]

이런 홍보 공세 덕분에 린드가 뉴욕에 도착할 때 4만 명의 인파가 몰려들었으며, 2만 명은 그녀가 묵은 호텔 앞에서 진을 치는 진풍경이 벌어졌다. 린드의 공연 표를 구할 수 없을 정도로 인기가 치솟자, 바넘은 표를 경매로 판매하는 묘기를 선보일 정도로 대성공을 거두었다. 물론 이 경매는 다시 뉴스가 됨으로써 '린드 열풍'을 더욱 부추겼다. 2015년 9월에 나온 다음과 같은 기사는 린드의 전설적인 면모가 그때부터 165년이 지난 한국에서까지 살아 있음을 말해준다.

"이 시대 최정상 메조 소프라노로 손꼽히는 스웨덴 출신의 안네 소피 폰 오터(60)가 7년 만에 한국을 찾는다. 2006년과 2008년 성남아트센터에서 리사이틀과 크리스마스 콘서트로 내한한 바 있으나 서울에서 공연하는 건 이번이 처음이다. 자신의 모국인 스웨덴 출신의 젊은 소프라노 카밀라 틸링(44)과 함께 국내에서 보기 드문 듀엣 무대를 선보인다.……두 성악가의 듀엣 무대는 전설적인 두 스웨덴 여가수를 중심으로 꾸며진다. 19세기 유럽과 미국을 휩쓸며 '스웨덴의 나이팅게일'로 불렸던 소프라노 제니 린드(1820~1887)와 20세기가 낳은 스웨덴의 걸출한 바그너 가수 비르기트 닐손(1918~2005)이 그 주인공이다."[33]

## 서커스 흥행업자와 소프라노 가수의 만남

린드의 미국 공연에서 한 가지 흥미로운 사실을 발견할 수 있다. 서커스 흥행업자와 소프라노 가수의 전혀 어울리지 않는 조합이다. 오늘날엔 상상도 할 수 없는 일인데, 당시엔 어떻게 그게 가능했을까? 이른바 고급문화와 저급문화의 분리는 19세기에 일어난 현상이라는 점에 주목할 필요가 있다.

이는 윌리엄 셰익스피어William Shakespeare, 1564~1616가 어떻게 소비되었는지를 보면 알 수 있다. 셰익스피어 연극과 오페라는 오늘의 기준으로는 고급문화에 속하지만,

영국에서 19세기 이전까지는 일반 대중도 즐기던 '대중문화'였다.[34] 미국에서도 19세기 중반에 이르러 셰익스피어 연극과 오페라는 대중의 곁을 떠나 고급 관객의 전유물이 되기 시작했다.[35]

그런데 바넘이 활약하던 시절은 그런 구분이 일어나기 시작한 과도기였기 때문에 서커스 흥행업자와 소프라노 가수의 만남은 그다지 이상할 것이 없었다. 제니 린드 공연의 성공에 고무된 『퍼트넘매거진Putnam's Magazine』은 1853년 바넘이 뉴욕오페라단의 단장이 되어야 한다고 주장했다. "바넘은 우리의 공중이 무엇을 원하는지, 어떻게 그것을 충족시킬 것인지를 알고 있다. 그는 우리와 마찬가지로 오페라가 소수의 사치일 필요는 없으며 더 많은 사람이 즐길 수 있어야 한다는 것을 이해하고 있다."[36]

셰익스피어도 마찬가지였다. 바넘은 1864년 4월 23일 셰익스피어 탄생 300주년을 기념해 그의 동상을 세우기 위한 기금 조성에 나서기도 했다.[37] 물론 세월이 흐르면서 오페라와 셰익스피어는 점점 대중의 곁에서 멀어져간다. 이와 관련, 윌리엄 로마노프스키William D. Romanowski는

오늘날엔 전혀 상상할 수 없는 서커스 흥행업자 바넘과
소프라노 가수 제니 린드의 조합은 고급문화와 저급문화의 분리가
19세기에 일어난 현상이라는 것을 말해준다.

고급문화와 저급문화의 분리가 미국에서 사회적 구분이 사라지던 때에 일어났다고 하는 사실은 이 구분이 상류 계층의 지위와 문화적 권위의 전통적 수단에 대한 배타적 통제력을 유지하는 것과 얼마나 깊은 관계가 있는지 보여준다고 말한다.[38]

그런 과도기에 중요한 역할을 한 사람이 1869년 『문화와 무정부Culture and Anarchy』라는 책을 출간한 영국 비평가 매슈 아널드Matthew Arnold, 1822~1888였다. 문화를 "세상에서 말해지고 생각된 것들 중 가장 최선의 것"이라고 정의한 아널드는 대중문화를 불온시했다. 이에 대해 원용진은 다음과 같이 말한다.

"대중문화는 한마디로 문화적인 병균에 해당한다. 즉, 사회를 혼돈 상태anarchy로 몰아넣는 의미 없는 문화이다. 특히, 노동계급의 문화는 사회적인 질서를 위협하고 최고의 선을 찾으려 하는 문화적 노력에도 위협이 되는 것이다. 진정한 문화란 그러한 질병과도 같은 문화를 다스리는 문화여야 한다고 보고 있다. 거칠고 교양 없고 사회에 도움이 되지 않는 대중을 다스릴 수 있는 것이 바로 진정한 문화라고 파악하고 있다."[39]

아널드가 1883년 미국을 방문했을 때 미국의 지도
적 사업가인 앤드루 카네기Andrew Carnegie, 1835~1919의 영접
을 받은 것도 바로 그런 이유 때문이었다. "강연 여행 중 그
는 남성들만의 클럽들을 방문했으며 동부 해안 도시들의
가장 지위가 높고 부유한 시민 계층의 초청을 받기도 했다.
빅토리아 엘리트는 근대 변혁기 내내 아널드에게 지극히
매혹되었다. 문화에 대한 그의 생각은 민주주의의 존속에
필요하다는 이유로 산업에 종사하는 대중과 교육받은 소
수를 분리하는 것을 옹호했다.……물론 아널드의 생각은
미국 내의 교육받은 엘리트들에게 많은 환호와 환영을 받
았다."[40]

아널드의 문화 개념은 '문화 종교'가 되었다. 엘리
트들이 확실한 우월성을 과시할 수 있는 '문화'를 앞세워
다른 영역의 지배까지 정당화한다는 의미에서 그렇다. 하
지만 1850년대 초반은 그런 변화가 본격화되기 이전이었
기에 바넘이 린드와 손을 잡는 것이 가능했다. 아니 미국을
방문한 아널드가 코네티컷주 브리지포트를 방문해 바넘의

집에서 하루를 묵으며 바넘과 친교를 맺었다는 사실은 1880년대 초반까지도 대중문화와 고급문화의 분리가 인간적 분리에까지 이르진 않았다는 것을 말해준다 하겠다.

一

二

## 『성경』 다음으로 많이 팔린 바넘의 자서전

바넘은 자신이 쓴 책들을 판매하는 데에도 천재성을 보였다. 1854년에 출간된 바넘의 자서전(『The Life of P. T. Barnum Written by Himself』)은 미국에서만 16만 부가 팔려나갔으며, 독일·프랑스 번역판까지 나왔다. 그는 이 책에서 자신의 '사기' 행각까지 상세히 밝혔는데, 이에 대해 '머리말'에서 이렇게 말했다. "내 사업에 관해서는 빠뜨린 부분이 한 군데도 없다. 나의 이 같은 '고백'을 일부의 사람들은 현명하지 못한 행동으로 생각할지 모르지만, 기회만 되면 손을 뻗쳤던 나 자신의 죄를 솔직하게 인정하는 쪽을 택했다."[41]

　　그러나 본문으로 들어가면 자신의 죄를 죄로 여기지 않는 속내를 드러낸다. "나는 때때로 과장된 그림이나 플래카드, 과대 선전 등을 통해 허풍을 쳤고 그것이 사람들에게 놀랍고 재미있고 또 유익하기까지 한 효과를 낳기를 바랐다. 여기서 말하는 이런 종류의 허풍과 과장은 충분히 수용될 만한 성질의 것이었고 사람들도 결코 그런 것을 싫어하지 않았다. '사기꾼'이나 '야바위의 왕자'라는 호칭을 처음 사용한 것은 나 자신이었다. 이 호칭은 내 애칭이었다."[42]

　　바넘은 한 걸음 더 나아가 영국 작가 앨버트 스미스 Albert R. Smith, 1816~1860의 책에 등장하는 한 주인공의 입을 빌려 자신의 그런 사기 행각을 미화했다. "사기꾼이 된다는 건 멋진 일이지. 나는 예전부터 그런 소리를 들어왔어. 사기꾼은 사실 대중에게 영향력을 미치기 때문에 그런 소리를 듣는 것이지. 그런 일을 할 수 있는 사람들은 그런 일을 할 수 없는 사람들에게서 사기꾼이란 소리를 듣기 마련이라네."[43]

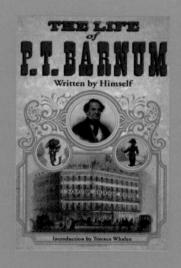

바넘이 1869년 낸 증보판 자서전
『Struggles and Triumphs: Or, Forty Years' Recollections of P. T.
Barnum』은 19세기 말경 미국에서 『성경』 다음으로 많이 팔린 책이었다.
1854년에 출간되어 미국에서만 16만 부가 팔린 바넘의 자서전.

바넘은 1869년 두 번째 증보판 자서전 『Struggles and Triumphs: Or, Forty Years' Recollections of P. T. Barnum』을 냈고, 이 또한 큰 성공을 거두었다. 이에 그치지 않고 바넘은 모든 출판업자에게 저작권을 무상 양도하는 묘기를 선보였다. 그러자 싸구려 출판업자들이 앞다투어 여러 판본으로 바넘의 책을 출간했고, 그 덕분에 그의 자서전은 19세기 말경 미국에서 『성경』 다음으로 많이 팔린 책이 되었다.[44]

그 밖에도 바넘은 『나는 왜 유니버설리스트인가Why I am a Universalist』(1890)와 같은 종교 서적에서부터 『돈을 버는 법The Art of Money Getting』(1880) 등과 같은 자기계발서에 이르기까지 다양한 책을 출간했다.[45] 도대체 어떻게 해야 돈을 벌 수 있다는 건가? 그가 제시한 몇 가지 원칙은 다음과 같다. 오늘날엔 너무도 뻔한 이야기지만, 136년 전에 제시된 원칙이라는 점에 점수를 주는 게 좋겠다.

"끈기를 가져라(끝끝내, 마침내, 마지막까지 부지런하라). 자기 일에 전문가가 되어라(자기 분야에 완전히 미치지 않고 성공을 바라지 마라). 최고의 직원을 고용하라(다른 사람의

경험이 가져다주는 이익을 즐겨라). 내 자리에서 최고가 되어라
(사람이 넘치는 밑바닥에서 벗어나 사람이 부족한 윗자리로 옮겨
라). 체계적으로 일하라(계획적으로 일해 반만 일하고도 2배의
결과를 성취하라). '정규사업 외의 투자'를 조심하라(자기 능
력 이상의 요행을 바라지 마라). 담보 없이 보증을 서지 마라(보
증 때문에 친구와 자신까지 망치지 마라). 남에게 베풀어라(돈을
쓰면서 더 많이 불려라). 일 이야기를 함부로 하지 마라(사업 기
밀은 잘되도 못되도 절대 말하지 마라)."[46]

## 바넘의 '디드로 효과'

『돈을 버는 법』이라는 책에서 정작 흥미로운 건 바넘이 이른바 '디드로 효과Diderot effect'를 언급한다는 점이다. '디드로 효과'란 무엇인가? 백과사전을 편찬해 지식의 대중화를 실현함으로써 프랑스대혁명으로 나아가는 길을 열었던 프랑스 계몽주의 철학자 드니 디드로Denis Diderot, 1713~1784는 「나의 옛 실내복과 헤어진 것에 대한 유감Regrets on Parting with My Old Dressing Gown」이라는 에세이에서 친구에게서 선물 받은 실내복에 관한 이야기를 한다.

그는 "다 헤지고 시시하지만, 편안했던 옛 실내복"

을 버리고 새 실내복을 입었다. 그러나 그게 끝이 아니었다. 그는 한두 주 후 실내복에 어울리게끔 책상을 바꿨고, 이어 서재 벽에 걸린 벽걸이 장식을 바꿨으며, 결국엔 모든 걸 다 바꾸고 말았다. 달라진 건 그것뿐만이 아니었다. 전에는 서재가 초라했지만 사람들이 붐볐다. 혼잡했지만 행복했다. 이제는 우아하고 질서정연하고 아름답게 설비가 갖춰졌지만, 자신은 우울해졌다는 것이 이 에세이의 요지다.

바로 이 에세이에서 Diderot effect(디드로 효과)라는 말이 탄생했다. 미국 인류학자 그랜트 매크래켄Grant D. McCracken, 1951~이 1988년에 출간한 『문화와 소비Culture and Consumption』라는 책에서 처음 쓴 말이다. 그런데 바넘의 『돈을 버는 법』에서도, '실내복'이 '소파'로 바뀌었을 뿐, 디드로의 이야기와 거의 똑같은 이야기가 나오는 게 아닌가. 디드로에 대한 언급은 전혀 없어 바넘이 디드로의 글을 읽고 슬쩍 비슷하게 가져다 쓴 건지 아니면 독자적으로 깨닫게 된 것인지는 알 길이 없지만, 이런 내용이다.

"내가 아는 재산가 중에 이런 사람이 있다. 재산이 늘어나기 시작할 무렵, 그의 아내가 고급 소파를 하나 들여놓겠다고 했다. 소파는 3만 달러나 하는 고가의 제품이었다. 소파를 집에 들여놓자 그에 어울리는 의자가 필요해졌고, 의자를 들여놓자 이번에는 그 둘에 어울리는 장식과 카펫, 테이블도 필요해졌다. 그렇게 집 안에 있는 가구를 모두 바꾸자 이번에는 비좁고 구식인 집 자체가 문제가 되었다. 그래서 결국 가구에 어울리는 집을 아예 새로 짓기에 이르렀다."[47]

이런 '디드로 효과'는 오늘날 소비재는 어떤 공통성이나 통일성에 의해 연결되어 있다는 것을 시사하는 개념으로 쓰인다. '서로 어울린다'는 말을 생각해보면 쉽게 이해할 수 있을 것이다. 이런 식으로 일관성을 지닌 사물들을 '제품 보완물product complements'이라 하는데, 디드로 효과는 "개인에게 자신의 소비재 보완물에 문화적 일관성을 유지하도록 고취시키는 힘"으로 정의할 수 있겠다.[48]

바넘은 『돈을 버는 법』에서 광고의 중요성을 강조했는데, 이런 '광고 금언'도 제시했다. "광고는 배움과 같아, '적게 하면 위험하다Advertising is like learning-' a little is a dangerous thing!'"[49] "선무당이 사람 잡는다A little learning is a

s

dangerous thing"는 속담을 원용해, 광고를 하는 둥 마는 둥 찔끔찔끔 해서는 안 된다는 뜻으로 한 말이다. 이 책은 대성공을 거두어 이후 바넘은 전국 순회강연을 다니는 인기 자기계발 전문 강사로도 활약하게 되었다.[50]

## 남북전쟁의 상처를 치유한 엔터테인먼트

바넘은 떼돈을 벌어들이자 1850년대 초부터 도시 개발에 투자를 했는데, 이게 실패로 돌아가면서 1856년경 그간 번 돈을 다 날렸을 뿐만 아니라 빚더미에 올라앉고 말았다. 이에 바넘의 비판자들은 환호했다. 바넘을 혐오했던 철학자 랠프 월도 에머슨Ralph Waldo Emerson, 1803~1882은 바넘의 몰락은 하나님이 살아 계심을 입증해준 것이라고 주장했다.

그러나 그건 성급한 판단이었다. 바넘의 또 다른 자산은 인간관계였다. 그는 자신의 사업 파트너들은 물론 자신의 쇼에 출연한 사람들과 늘 우호적 관계를 유지했는데, 이게 그의 재기를 위한 밑천이 되었다. 바넘의 품에서 벗어나 독자적인 사업을 꾸린 톰 섬을 비롯해 그의 옛 친구들이 지원해주자, 바넘은 이를 바탕으로 1860년경부터 빚에서 해방되어 재기에 성공했다. 오늘날 인기를 끌고 있는 대형 수족관aquarium도 바넘이 이 시기에 최초로 선보인 것이다. 살아 있는 흰 고래를 전시해 구경꾼들을 깜짝 놀라게 만들었다.[51]

　　1860년에 선을 보인 바넘의 전시품 중엔 허리가 붙은 샴쌍둥이Siamese twins도 있었다. Siam은 태국Thailand의 옛 이름인데, 이런 유형의 쌍둥이에 태국이라는 이름이 붙은 건 태국의 샴쌍둥이로 미국에서 생활하면서 유명인사가 된 창과 응Chang and Eng, 1811~1874 때문이다. 이들은 미국에 온 뒤 벙커Bunker라는 성性, surname을 취했다. 18세에 미국으로 온 그들은 자신들이 인기 있는 구경거리가 되는 것을 적극적인 사업의 기회로 삼아 큰돈을 벌었으며, 그 과정에서 바넘과 인연을 맺기도 했다.

　　이들은 노스캐롤라이나에 농장을 구입해 현지 처

녀들과 결혼까지 해 모두 11명의 자녀를 두었다(Chang이 6명, Eng이 5명). 이들과 결혼한 여자들은 자매였음에도 서로 사이가 좋지 않아 Chang and Eng Bunker는 두 집에 각각 3일간씩 머물렀다. 남북전쟁(1861~1865) 중에 그간 모은 재산을 모두 잃자, 성격이 급한 창은 과음으로 사망하고 말았다. 혼자 사는 삶은 의미가 없다고 생각한 응은 자신의 몸에서 죽은 창을 분리해내는 걸 거부하고 따라서 같이 죽는 길을 택했다.[52]

바넘은 톰 섬의 인기가 시들해지자, 1862년 라이벌 난쟁이 카모더 너트Commodore Nutt, 1844~1881를 등장시키고, 여기에 여자 난쟁이를 붙여 삼각관계를 조성했다. 결국 톰 섬의 결혼으로 해피엔딩이 되었지만, 대중은 톰 섬 부부가 어떤 식으로 부부관계를 가질지 궁금해했으며 비평가들은 바넘이 장난을 친 거라며 비난을 퍼부었다.

그럼에도 1863년 2월 10일 톰 섬의 결혼식은 신문 1면의 톱기사로 다루어진 가운데 미국의 내로라하는 유명 인사들이 대거 참석한 대행사가 되었다. 결혼식이 치러진 메트로폴리탄호텔Metropolitan Hotel엔 2,000여 명의 하객이

—

=

운집했다. 링컨 대통령은 백악관으로 톰 섬 부부를 초청했는데, 이들이 국무회의가 열리고 있던 시간에 백악관에 도착하자 국무회의 석상에서 한동안 즐거운 담소를 나누기도 했다. 이 부부는 유럽과 일본을 포함한 세계 여행에 나서 대대적인 환호를 받으면서 세계적인 유명 인사가 되었다.

바넘은 잭슨 민주주의자로 남북전쟁 직전까지 민주당에 충성하다가 노예제에 대한 반감 때문에 1860년 대선부터 공화당 소속의 링컨을 지지했다. 그는 남북전쟁 때 남부를 지지한 사위와 의절할 정도로 노예제에 반대했다. 이런 배경 때문에 톰 섬의 결혼은 남북전쟁으로 인한 우울한 사회적 분위기를 치유하려는 링컨과 바넘의 합작 음모라고 주장하는 책마저 등장했다.[53]

그런 음모론이 나오게 된 배경엔 바넘의 열성적인 링컨 지지가 작용했다. 바넘은 남북전쟁 기간 중 남부의 노예 소유주들과 남부에 공감하는 북부인들을 맹렬히 비난함으로써 남부의 미움을 샀다. 남부의 보복 위협 때문에 그의 박물관·서커스 시설 경비를 강화하는 일까지 벌어졌지만, 그는 그런 위협에 굴하지 않고 남부 비판을 계속 해

나갔다.

심지어 조롱까지 했다. 전쟁이 끝나 남부 대통령 제퍼슨 데이비스Jefferson Davis, 1808~1889가 아내의 옷을 입고 탈출하려다 붙잡혔다는 신문 기사가 등장하자(이는 오보였다), 그는 전쟁 장관 에드윈 스탠턴Edwin M. Stanton, 1814~1869에게 전보를 보내 데이비스가 입었던 페티코트를 500달러(오늘날 약 1만 2,000달러)에 사겠다고 했다. 이는 언론에 널리 보도되었다. 바넘의 이런 언행에 대한 남부의 반감이 워낙 깊었기 때문에 그는 남부에서 서커스 순회공연을 하지 않았다.[54]

톰 섬의 결혼이 과연 정치적 음모였는지는 모르겠지만, 바넘의 흥행이 남북전쟁 기간 중 큰 성공을 거둔 건 분명한 사실이다. 바넘의 쇼는 일반 대중이 전쟁의 피곤함에서 도피할 수 있는 거의 유일한 곳이었기 때문이다. 남북전쟁으로 인한 상처의 치유엔 바넘과 더불어 서부극이 큰 기여를 했다. 바넘도 1843년 뉴저지주 호보켄Hoboken 공연에서 버펄로 사냥을 중심으로 한 서부극을 무대에 올린 바 있었지만,[55] 서부극 흥행의 주인공은 버펄로 빌Buffalo Bill,

1846~1917이었다. 이와 관련, 양홍석은 다음과 같이 말한다.

"당시 미국인들은 남북전쟁의 고통을 잊게 해줄 수 있는 영웅담을 찾고 있었다. 동부 사람들은 서부를 통해 무한한 낭만과 희망을 구하고자 했다. 동족상잔의 비극을 겪은 미국인들은 새롭게 정돈된 국가 안에서 단결을 위해 미지의 서부를 정복 대상으로 그려내고자 했다. 미국인들은 서부 이야기를 통해 무한한 스릴과 판타지에 탐닉하고자 했다." [56]

## 순회 서커스를 가능케 한 대륙횡단철도

바넘 자신도 영웅이 되었지만, 그의 시련은 계속되었다. 바넘은 1865년의 대화재에 이어 1868년의 대화재로 아메리칸박물관을 완전히 날리고 말았다. 이후 바넘은 순회 서커스로 돌아서 본격적인 서커스 무대를 선보이기 시작했는데, 그걸 가능케 한 것은 1869년 5월 10일에 완성된 대륙횡단철도였다.

미국 철도의 행정적 아버지는 링컨이라고 해도 과언이 아니다. 1861년 3월에 출범한 링컨 행정부는 철도 건설에 매우 호의적이었으니 말이다. 1862년 7월 1일 전쟁

중임에도 상원과 하원은 태평양철도법The Pacific Railway Act을 통과시켰다. 그전까지는 남부 지역 의원들이 예정된 철도 노선이 남부를 지나가지 않는다는 이유로 강력히 반대했던 것이다. 이에 따라 의회는 정부가 보조금을 지급하고 통제하면서 유니언퍼시픽과 센트럴퍼시픽의 두 철도회사가 맡는 형식으로 대륙횡단철도를 건설하는 데 수백만 달러의 지출을 비준했다.[57]

이 법에 따라 가설되는 철로 주변 약 60미터의 땅이 철도회사에 무상으로 주어졌는데, 이렇게 해서 무상 제공된 토지는 1억 에이커가 넘었다. 1억 에이커는 40만 4,700제곱킬로미터로 한반도 면적의 1.8배에 이른다. 철도회사를 동시에 부동산회사로 만들어준 법이었다.[58]

의회가 대륙 간 철도 노선을 승인하고 재정 지원을 한 지 7년 만인 1869년 5월 10일 드디어 대륙횡단철도가 완성되었다. 유타주의 프로몬토리포인트Promontory Point에서 동부철도와 서부철도의 선로를 연결하여 대륙횡단철도를 완성하는 마지막 못질을 한 후에, 동부철도를 맡은 유니언퍼시픽회사와 서부철도를 맡은 센트럴퍼시픽회사의 관리들이 악수하고 샴페인 병을 교환한 것이다.

역사적인 순간이었다. 캘리포니아는 말할 것도 없고 전 미국이 열광의 도가니에 빠져들었다. 『뉴욕타임스』 1869년 5월 11일자에 따르면, 뉴욕에선 마지막 못이 박히는 순간에 "대포 소리, 트리니티 성당의 종소리, 이 나라뿐만 아니라 온 문명 세계가 성공에 지대한 관심을 보였던 대역사大役事가 완성된 것을 축하하는 분위기"로 떠들썩했다. 필라델피아에서는 독립기념관의 종을 울려 이 역사적인 순간을 기념했으며, 시카고에서는 약 11킬로미터에 이르는 퍼레이드가 즉흥적으로 열렸다. 워싱턴 D.C.의 『이브닝스타』는 사설에서 "오늘 1869년 5월 10일은 현재와 미래에 이 나라와 인류에 미칠 영향이라는 측면에서 볼 때 금세기에 가장 중요한 날 중 하나로 역사에 기록될 것이다"고 했다.[59]

대륙횡단철도의 길이는 약 3,069킬로미터였는데, 이후 철도 노선은 극적으로 증가세를 보였다. 1860년 4만 8,000킬로미터에서, 1870년에는 8만 3,000킬로미터로, 1880년에는 14만 9,000킬로미터로, 1890년에는 26만 킬

대륙횡단철도의 완공은 바넘이 본격적인 순회 서커스 무대를
선보일 수 있는 환경을 제공했다. 1869년 5월 10일 대륙횡단철도를 완공한
유니언퍼시픽회사와 센트럴퍼시픽회사의 관리가 악수를 하고 있다.

로미터로 급성장했다. 바넘의 순회 서커스단이 미국 전역을 누비고 다닐 수 있는 토대가 마련된 것이다.

바넘이 1871년에 창단한 '지상 최대의 쇼The Greatest Show On Earth' 서커스단은 현대 서커스의 원조로 불릴 정도로 그 규모가 웅장했다. 서커스를 동시에 3곳의 무대ring에서 연출해내는 이른바 삼종 서커스a three-ring circus를 선보인 주인공도 바로 바넘이었다.

이제 'a three-ring circus'는 "매우 혼란스러운 광경, 대활극, 아찔한 것"을 뜻하는 단어가 되었다. 예컨대, 영국 작가 러디어드 키플링Rudyard Kipling, 1865~1936은 『생명체의 다양성A Diversity of Creatures』(1914)에서 이렇게 썼다. "I can see lots of things from here. It's like a three-ring circus(나는 이곳에서 많은 것을 볼 수 있다. 삼종 서커스 무대를 동시에 보는 것 같다)!"[60]

## '점보'를 앞세운 '지상 최대의 쇼' 서커스

바넘 서커스의 간판 구경거리는 그가 1882년 영국 런던에 있는 리젠트파크 동물원에서 사들인 점보Jumbo 코끼리였다. 키가 3.25미터(나중에 4미터까지 성장)나 되고 무게가 6톤에 이르는 점보 코끼리의 전국 순회공연은 폭발적인 인기를 끌었다.

'점보'라는 이름은 영국 동물원에서 붙인 것인데, 그 기원에 대해선 설이 분분하다. 서아프리카의 주술사를 가리키는 'mumbo jumbo'의 준말인 점보는 영어에서 '알아들을 수 없는 말'을 가리키는 단어인데, 무슨 이유인지 그 코끼리에 점보라는 별명이 붙었다. 스와힐리Swahili어로 hello를 뜻하는 jambo, 또는 추장chief을 뜻하는 jumbe에서 유래한 말이라는 설이 있기는 하다.

바넘이 이 코끼리를 살 때 영국에선 10만 명의 학생이 빅토리아 여왕에게 점보를 팔지 못하게 해달라는 탄원서를 제출하는 등 엄청난 소동이 벌어졌다. 결국 빅토리아 여왕이 개입해 점보를 지키라는 지시를 내렸지만, 이미 계약은 끝난 뒤였다. 법정투쟁까지 벌어졌지만, 최종 승자는 결국 바넘이었다. 이 반대 운동은 1960년 영국 작가 질리언 에이버리Gillian Avery가 출간한 『코끼리 전쟁The Elephant War』이라는 책에 자세히 기록되었다.

영국인들은 미국으로 건너간 점보가 전국 순회공연을 다니는 것에 대해 또 한 번 분노했다. 그렇지만 미국인들은 점보에 열광했고, 이에 비례해 바넘은 엄청난 돈을 긁어모았다. 1885년 9월 점보 코끼리가 기차와 충돌해 죽자, 바넘은 코끼리의 가죽과 뼈를 박제해서 계속 순회 전시를 했다. 이제 실물이 사라졌으니, 필요한 건 실물을 대신할 수 있는 스토리였다. 바넘은 점보가 새끼 코끼리를 구하

려고 자기 몸을 던져 죽었다고 주장했는데, 이런 조작된 '미담'이 신문에까지 실렸다.[61]

그러나 그것만으론 약하다 싶었는지, 바넘은 '앨리스Alice'라는 이름의 암코끼리를 수입해 점보의 짝이었다고 소개하면서 박제된 점보의 뒤를 따르게 했다. 앨리스는 검정 가두리가 달린 천을 몸에 걸친 채 몇 걸음을 걸을 때마다 앞발로 눈을 훔쳤는데, 이는 구경꾼들에게 슬픔을 표현하는 것으로 여겨졌다. 물론 앨리스는 그렇게 하도록 훈련받은 코끼리였다. 이런 탁월한 홍보술 덕분에 바넘은 점보가 살아 있을 때보다 죽고 난 뒤에 훨씬 더 많은 돈을 벌어들였다.

이후 사람들은 무엇이건 크기만 하면 '점보'라고 불러댔는데, 그 극치는 1968년에 등장한 대형 여객기를 '점보제트기'라고 부른 것이다. 1970년 1월 21일 처음 운행된 점보제트기의 공식 명칭은 보잉747이다. 점보는 '점보제트기'(대형 여객기) 외에도 '점보모기지'(신용도 높은 주택담보대출) 등에 접두어로 활용되는 등 일상에서 널리 쓰이는 말이 되었다.[62]

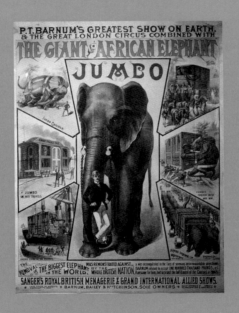

바넘은 영국에서 점보 코끼리를 사들여
바넘 서커스의 간판 구경거리로 삼았다. 바넘은 점보 코끼리가 죽자
이를 박제해 전시했으며, 점보가 새끼 코끼리를 구하기 위해
자기 몸을 던져 죽었다는 스토리까지 만들어냈다.

점보를 우려먹을 대로 우려먹은 바넘은 1889년 박제剝製한 점보를 미국 터프츠대학Tufts University에 기증했다. 그는 이미 1883년에 터프츠대학에 5만 달러(2009년 환산액 100만 달러)를 기부하고 대학 이사회의 이사로 활동하는 등 이 대학과 밀접한 관련을 맺고 있었다. 박제 점보는 1975년 화재로 사라지고 말았지만, 점보는 오늘날에도 터프츠대학의 마스코트로 살아남았다. 터프츠대학 학생들의 별명도 '점보'다. 터프츠대학 기부를 비롯해 바넘은 여러 기부를 했는데, 그의 기부 철학은 '이익을 남기는 박애 profitable philanthropy'였다. 기부가 기부 대상자들에게 자극을 주어 생산적인 일을 할 수 있게끔 해야 한다는 것이다.[63]

점보 코끼리가 죽기 전 바넘은 경쟁자가 태국에서 흰 코끼리를 들여와 구경꾼들의 인기를 얻자, 흔해 빠진 회색 코끼리에 하얀 칠을 해서 흰 코끼리라고 선전함으로써 경쟁자를 따돌리기도 했다. "도대체 회색 코끼리를 어떻게 흰 코끼리로 둔갑을 시켰다는 거야?"라는 호기심이 발동한 관중은 흰 코끼리보다는 바넘의 '사기술'을 재미있게 여긴 것이다. 결국 바넘의 희한한 상술에 농락당한 경쟁자는 흰 코끼리를 처분하려고 했지만, 그마저 여의치 않아 한 동안 그 '성가신 물건'으로 인한 부담을 떠안아야 했다."

—

二

## '입소문 마케팅'과 '바넘 효과'

바넘의 흥행 상술은 한두 가지로 정리하기가 어렵지만, 그 핵심은 늘 '입소문'이었다. 요즘 유행하는 '입소문 마케팅'의 원조라고 해도 좋을 정도로 그는 입소문을 퍼뜨리는 데에 탁월한 재능을 보였다. 예컨대, 바넘은 서커스가 마을에 들어오기 2주 전부터 선전 마차를 보내 마을을 돌게 하는 총력전을 펼쳤는데, 이런 식으로 입소문을 퍼뜨리는 데 들어가는 돈은 전체 서커스 비용의 3분의 1에 이르렀다.[65]

바넘은 잠재 관객들을 가리켜 '전 연령대의 어린이

들children of all ages'이라고 불렀는데,[66] 남녀노소를 막론하고 누구나 갖고 있는 동심을 주요 소구점으로 삼았다고 볼 수 있겠다. 그렇긴 하지만 자신이 '어린이의 친구The Children's Friend'로 알려지는 걸 가장 기쁘게 생각할 정도로 바넘이 어린이를 좋아한 건 분명했다.[67]

바넘은 유명 인사들의 증언testimonial이나 추천 endorsement도 폭넓게 활용했으며, 이를 위해 평소 각계의 유명 인사들과 두터운 친분을 쌓았다. 대통령과 정부 각료들까지 그런 증언이나 추천에 응했을 정도였다. 물론 그의 모든 인간관계가 그런 목적 때문이었다고 볼 순 없겠지만, 그가 사교에 능했던 건 분명하다. 그의 가까운 지인 중엔 영국 소설가 윌리엄 메이크피스 새커리William Makepeace Thackeray, 1811~1863와 문학비평가 매슈 아널드Matthew Arnold, 1822~1888도 있었다.[68]

바넘은 "모든 사람을 위한 즐길거리를 갖고 있다 We've got something for everyone"고 주장했는데, 그 자신도 그런 즐길거리를 위한 엔터테이너로 나서 서커스 관람객들의 성격을 알아맞히는 묘기를 선보였다. 그가 속임수를 쓴다

바넘은 남녀노소를 막론하고 누구나 갖고 있는 동심을
주요 소구점으로 삼았으며, 자신이 '어린이의 친구'로 알려지는 걸
가장 기쁘게 생각했다.

고 생각한 사람들은 자원해 무대로 나갔는데, 바넘은 조금도 주눅이 들거나 당황하지 않고 그 사람의 성격을 맞혀 사람들을 놀라게 만들었다.[69]

바넘의 그런 묘기에 근거해 '바넘 효과Barnum effect'라는 말이 탄생했다. 1956년 심리학자 폴 밀Paul Meehl, 1920~2003이 붙인 이름이다. 근거가 매우 희박한데도 일단 믿고 보자 하는 대중의 심리 상태를 가리키는 말로도 쓰이지만, 사람들이 보편적으로 갖고 있는 성격이나 심리적 특징을 자신만의 특성으로 여기는 심리적 경향을 가리키는 말로 더 많이 쓰인다.[70]

왜 그럴까? 사람들은 보통 막연하고 일반적인 특성을 자신의 성격으로 묘사하면, 다른 사람들에게도 그러한 특성이 있는지는 생각하지 않고, 자신만이 갖고 있는 독특한 특성으로 믿으려는 경향이 있다. 이러한 경향은 자신에게 유리하거나 좋은 것일수록 강해지는데, 이처럼 착각에 의해 주관적으로 끌어다 붙이거나 정당화하는 경향을 '주관적 정당화subjective validation'라고도 한다.

1948년 미국 심리학자 버트럼 포러Bertram R. Forer,

1914~2000가 성격 진단 실험을 통해 처음으로 증명한 까닭에 '포러 효과Forer effect'라고도 한다. 포러는 자신이 가르치는 학생들을 대상으로 각각의 성격 테스트를 한 뒤, 그 결과와는 상관없이 신문 점성술 난의 내용 일부만을 고쳐서 학생들에게 나누어주었다. 다음과 같은 내용이었다.

　　"당신은 남들에게서 사랑과 존경을 받고 싶어 하는 강한 욕구가 있습니다. 당신은 때때로 외향적이고 상냥하며 사교적이지만 어떤 때는 내향적이고 신중하며 수줍어합니다. 당신의 내면에는 아직 활용하지 않은 큰 에너지가 잠재해 있습니다. 성격상의 단점이 조금 있긴 하지만 그 단점들을 보상하는 장점도 지니고 있습니다. 당신은 어느 정도의 변화와 다양성을 선호하고, 속박과 제약을 싫어합니다. 당신은 주관이 뚜렷한 사람이라는 데 자부심을 갖고 있으며, 납득할 만한 증거 없이는 다른 사람의 의견을 받아들이지 않습니다. 당신은 자신을 비판적으로 보는 경향이 있는 반면 한편으로 비현실적인 꿈도 지니고 있습니다."[71]

　　포러는 이 테스트 결과가 자신의 성격과 맞는지 맞지 않는지를 학생들이 평가하도록 했다. 자신이 받은 테스트 결과가 자신에게만 적용되는 것으로 착각한 학생들은 대부분이 자신의 성격과 잘 맞는다고 대답했다. 포러가 학생들의 성격 진단 결과로 나누어준 이와 같은 내용은 대부분의 사람들이 갖고 있는 보편적인 특성을 기술한 것이다. 포러는 실험을 통해 보편적 특성을 개개인에게 적용할 때 사람들이 어떻게 반응하는지를 알아보고, 그 결과로 바넘 효과를 증명한 것이다.

최인철은 사람들이 이런 성격 기술문 안에 교묘하게 숨겨져 있는 모순을 알아채지 못하기 때문에 바넘 효과가 발생한다고 말한다. 즉, "외향적이지만 내성적이다"라는 주장 속에 담겨진 모순을 자연스럽게 받아들이기 때문이며, 그럴 수밖에 없는 것이 이런 유형의 주장은 어떤 경우에도 들어맞으며 처음부터 틀릴 구석이 없는, 전문 용어로 말하자면 '반증 가능성falsifiability'이 없기 때문이라는 것이다.[72]

리처드 니스벳Richard E. Nisbett, 1941~은 동양인이 서양인에 비해 바넘 효과에 더 취약할 것이라고 주장한다. 동양인들은 타협에 의한 해결책과 종합적인 주장을 선호하며 서로 상충되는 것처럼 보이는 모순된 주장을 자연스럽게 모두 수용하는 경향이 있기 때문이라는 것이다. 이는 한국인과 미국인을 대상으로 한 최인철의 실험을 통해 입증되었다.[73]

바넘 효과를 보완해주는 또 하나의 효과가 있으니, 그건 바로 '아첨 효과Flattery effect'다. 사람들은 자신이 특별한 능력을 지니고 있다거나 독립적으로 사고한다는 식의 긍정적 진술은 무조건 믿으려는 경향이 강하다. 실제로 점성술 실험 결과 자신에 대해 긍정적인 내용을 접한 사람들이 훨씬 더 점성술을 신봉하는 것으로 나타났다.[74]

바넘 효과에 관한 한, 정치인은 점쟁이라고 해도 과언이 아니다. 그들은 이해관계가 상충하는 유권자들을 모두 만족시키기 위해 상호 모순되는 말을 모호하게 희석시켜 말하는 재주를 갖고 있기 때문이다. 예컨대, 이런 식이다. "노사 모두가 권리를 인정받게 하기 위해, 국가에 의지하도록 부추기는 일 없이 어려움에 처한 사람들을 지원하기 위해 우리는 뒤를 돌아보고 앞으로 나아갈 용기를 가져야 합니다."[75]

'바넘 효과'는 사람들이 점성술, 점, '필적 감정 graphology(글씨로 사람의 성격을 알아내는 것)', 기타 각종 성격 테스트 등을 믿는 것을 설명할 때에 도움이 되는 이론이다. 사람들이 의학적 반론에도 혈액형과 성격의 관계를 믿는 것도 설명할 수 있다. 무슨 일에 대한 판단을 할 때 여러 모로 많은 고민을 하는 것은 A형만이 아니라 대부분의 사람이 그렇다. 거꾸로 아무리 A형의 얌전한 사람도 과감한 행동을 할 때는 있는 법이다. 그럼에도 사람들은 'A형은 어떻다'는 확신을 버리지 않는다.[76]

소영현은 혈액형 분류법이 근거 없는 믿음이며 그저 만들어낸 이야기일 뿐이라고 말하는 것은 정당하지 않다고 주장한다. 혈액형 분류법의 내부가 아니라 그것을 부르는 시대적 환경, 즉 불안이 증폭되는 사회적 상황으로 눈을 돌려야 한다는 것이다.[77]

혈액형 분류법이건 그 어떤 유형의 점이나 미신이건, 그것이 날이 갈수록 살벌해지고 각박해지는 세상에 대한 통제감을 갖게 함으로써 마음의 평안과 위로를 가져다주는 데에 조금이라도 도움이 된다면 무엇을 망설이고 두

려워하랴. 따지고 보면, 점술업은 오늘날 비대해진 힐링 산업의 원조가 아닌가. 사람들이 보편적으로 갖는 성격이나 심리적 특징을 자신만의 특성으로 여기는 심리적 경향은 대중사회에서 '쫄따'의 위치에 있는, 익명의 존재로 머무를 수밖에 없는 사람들이 자신의 존재감을 누리고 싶어 하는 강렬한 열망과 맞닿아 있는 셈이다.[78]

## 바넘과 마크 트웨인

바넘이 미국 대중의 영웅으로 활약하던 시절에 또 다른 영웅이 있었으니, 그는 바로 소설가 마크 트웨인Mark Twain, 1835~1910이다. 트웨인의 미시시피강 이야기는 미국인들을 사로잡았다. 미시시피강 근처에서 태어난 트웨인은 1876년『톰 소여의 모험』, 1883년『미시시피강의 삶』에 이어 1885년『허클베리 핀의 모험』을 출간했는데, 이는 트웨인의 작품 중 미시시피강을 배경으로 다루고 있는 대표적인 3부작이다. 16세기 영국 튜더왕조 시대의 사회악을 고발한『왕자와 거지The Prince and the Pauper』(1882)도 그의 히트작이다.

　『허클베리 핀의 모험』은 트웨인의 최고 걸작으로 순진한 어린이의 눈으로 노예제도와 사회관습을 풍자하고 통속적 가치관과 고상한 가치관의 갈등을 묘사했다. 훗날 어니스트 헤밍웨이Ernest Hemingway, 1899~1961는 "모든 미국 현대문학은 마크 트웨인의 『허클베리 핀의 모험』에서 출발했다"고 평가했다. 이는 트웨인이 최초로 유럽이나 영국의 영향에서 완전히 벗어나 미국적인 소재와 미국적인 정서를 반영한 작품을 썼다는 의미다.

　그러나 『허클베리 핀의 모험』은 작품과 주인공이 반사회적 성향을 지녔고 문법적으로도 틀린 문장과 속어를 많이 사용하고 있어 교육적으로 적합지 않다는 이유로 공립도서관과 학교에서 배척되었다. 금서로 평가되는 바람에 책은 더 많이 팔렸지만, 수난은 이후로도 오랫동안 계속되었다. 1931년 출판사 하퍼 앤드 브라더스는 이 책에서 문제가 된 부분을 삭제해 출판하기도 했고, 1957년 뉴욕 교육위원회는 이 책을 필독서 목록에서 빼버렸고, 1976년 유사한 조치가 일리노이주 고등학교에서 취해졌다.

1982년과 1985년엔 이 책에서 흑인을 멸시해 부르는 '니거nigger'라는 표현이 사용되었다 하여 흑인 학교에서 인종 편견 작품이라고 도서목록에서 제거했다. 이에 김재신은 "이런 조치는 『허클베리 핀의 모험』을 제대로 이해하지 못한 결과이다. 실제로 이 작품은 스토우 부인의 『톰 아저씨의 오두막』에 버금가는 반노예제도를 강조한 작품으로 볼 수 있으며 인종 편견과 인간을 물질화하는 것을 풍자한 것으로 볼 수 있다"고 말한다.[79]

트웨인은 1901년에서 1909년까지 대통령을 지낸 제26대 대통령 시어도어 루스벨트Theodore Roosevelt, 1858~1919의 제국주의 정책을 강력 비판했다. 그가 루스벨트를 "남북전쟁 이후 미국에 내린 가장 강력한 재앙"이라고 선언하면서 바넘을 거론한 게 흥미롭다. "루스벨트는 정치 세계의 톰 소여다. 항상 과시하고, 과시할 기회를 찾아다닌다. 그의 광적 상상력에서, 위대한 공화국은 거대한 바넘 서커스단이다. 그곳에서 자신은 광대 역할을 하고, 이 세상은 관객 역할을 한다."[80]

조윤정은 '낙관주의'라고 하는 점에선 "미국 소설

의 시조 마크 트웨인보다는 광고의 아버지 바넘이 미국을 더 잘 대표하고 있다고 말할 수 있을 것이다"고 했는데,[81] 바넘과 트웨인은 오늘날에도 지속되고 있는 미국 사회의 두 흐름을 대변한다고 보는 게 좋을 것 같다. 광고 판타지와 전원주의다. 둘 다 현실과는 거리가 있다는 점에서 둘은 일견 상충되어 보이지만 사실 하나로 통하는 흐름이다. 게다가 두 사람 모두 노예제에 강력 반대하는 동시에 이단자 기질이 다분했다. 그래서인지 두 사람은 바넘이 25년 연상이었음에도 우호적인 서신을 주고받고, 트웨인이 가족과 같이 바넘의 집을 방문해 며칠간 머무는 등 친교를 나누었다.[82]

시간이 흐를수록 트웨인이 점점 더 높은 평가를 받게 되었듯이, 바넘 역시 같은 코스를 달렸다. 당대의 비판자들은 바넘을 '사기꾼'으로 매도했다. 『네이션The Nation』의 한 논설위원은 "바넘은 종교의 핵심을 갉아먹는 인물이며, 종종 확인할 수 있듯이 우스꽝스러운 야바위의 화신임이 분명하다"고 비난했다.[83] 그러나 대중은 바넘의 야바위에 개의치 않았으며, 후대의 비평자들 역시 바넘의 다른 면에 주목했다.

## 바넘의 엔터테인먼트 개혁주의

왜 바넘에 대해 '종교의 핵심을 갉아먹는 인물'이라는 비난이 나왔을까? 이런 비난은 바넘이 도덕적 열망이 충만한 나머지 자신의 서커스를 종교화했기 때문에 나온 것이기도 했다. 그는 서커스 관객을 '신자congregation'로 불렀으며, 그들을 상대로 금주 등과 같은 도덕적 설교를 엔터테인먼트로 포장해 제공했다. 박물관과 서커스 입장 조건도 의외로 까다로웠다. 음주·흡연·도박을 금지했으며, 보안요원들을 두고 이를 감시했다.[84]

바넘은 전국 순회공연을 다닐 때에도 지역교회에

가서 금주 강연을 할 정도로 일부 교단과 우호적인 관계를 맺었지만, 비교적 엄격한 교단에서는 맹렬한 비난의 대상이 되었다. 하지만 바넘은 이에 굴하지 않고 일요일에 아무 일도 하지 말 것을 요구하는 '주일 폐쇄법sunday closing laws'은 영적 고양 사업을 교회들이 독점하겠다는 것이라고 비판했다. 그는 영원히 사라지지 않을 인간의 속성과 관련된 활동들을 금지시키려는 일부 교회들의 노력을 시간낭비라며 변화할 것을 촉구하기도 했다.[85] 오늘날 교회들이 바넘의 홍보 기법을 그대로 따라서 하고 있다는 주장이 나오는 걸 보면,[86] 바넘이 시대를 앞서갔던 걸까? 아니면 교회가 너무 상업화되어가는 걸까?

바넘은 '야바위의 왕자'이자 '흥행의 천재'인 동시에 개혁 정치가이기도 했다. 그는 1865년 코네티컷 주의회의 하원의원에 당선되어 재임했다. 그는 하원에서 노예제를 폐지한 헌법 수정조항 제13조(1865)의 비준과 관련해 다음과 같은 명언을 남기기도 했다.

"A human soul, 'that God has created and Christ died for', is not to be trifled with. It may tenant the body of a Chinaman, a Turk, an Arab or a Hottentot—it is still an immortal spirit(하나님이 창조하고 예수가 지키기 위해 죽은 인간 영혼은 소홀히 대해선 안 됩니다. 중국인, 터키인, 아랍인, 또는 남아프리카의 호텐토트인에게도 영혼이 있으며, 그 영혼 역시 불멸의 영혼입니다)."[87]

바넘은 1867년 연방 하원의원에 도전했다가 실패했지만, 1875년 코네티컷주 고향 근처의 브리지포트의 시장市長으로 활동했다. 그는 노예해방과 금주운동의 열성적인 참여자인 동시에 기득권에 도전하는 개혁적인 정치가이자 행정가로 활동했다. 비록 그 업적은 그의 천재적인 '야바위'와 '흥행'의 그늘에 가려지고 말았지만 말이다.

아니 바넘에게 '정치'와 '흥행'은 별개였다고 보는 게 더 옳을지도 모르겠다. 그는 하원의원 재임 시 코네티컷 헌법에 흑인의 참정권을 보장하는 수정안을 제출할 정도로 노예해방에 앞서가는 면모를 보였지만, 그의 서커스 무대에서는 흑인을 극도로 차별하고 폄하하는 공연이 계속되었으니 말이다.[88]

또한 바넘은 늘 대중을 떠받드는 평등주의적 가치

—

二

당대의 비판자들은 바넘을 '사기꾼'으로 매도했지만,
대중은 바넘이 제공한 엔터테인먼트에 열광했다.

를 역설했지만, 입장료가 대중적으로 싼 건 결코 아니었다. 아메리칸박물관은 25센트, 제니 린드 공연은 3달러였는데, 2003년 기준으로 환산하면 각각 5.5달러, 70달러에 이를 정도로 비싼 가격이었다. 그는 어중이떠중이를 받아들이기보다는 실속 있는 가족 동반 고객 위주로 운영했다.[89]

## 바넘은 미국 엔터테인먼트 글로벌화의 원조

남북전쟁의 영웅이자 미국 제18대 대통령(1869~1877)인 율리시스 그랜트Ulysses S. Grant, 1822~1885가 대통령 퇴임 후 세계 순방을 마치고 돌아와 바넘을 저녁 식사에 초대했다. 바넘이 먼저 아첨 멘트를 날렸다. "대통령 각하, 이번 순방으로 지구상에서 가장 유명한 분이 되셨습니다." 그러자 그랜트가 이렇게 답했다. "천만의 말씀. 나는 당신에 비하면 아무것도 아니오. 이번에 중국, 일본, 인도 등지를 돌고 왔는데, 어디를 가나 끈질기게 묻는 말이 '바넘을 아십니까' 였소. 내가 보기에는 바넘 당신이 이 세상에서 가

장 유명한 인물이오." [90]

  1891년 4월 7일 바넘이 81세의 나이로 사망했을
때, 그의 서커스그룹은 수천 명의 직원을 고용한 가운데 독
립적인 홍보 부서, 광고 부서, 인수합병 부서 등을 갖춘 현
대적 면모를 보이고 있었다. 그래서 제임스 쿡James W. Cook
은 바넘의 서커스 홍행을 오늘날과 같은 의미의 대중문화
로 볼 순 없지만, 이른바 '대중화massification'의 기본 요소들
이 이미 그때에 다 나타났다고 볼 수 있다고 말한다. [91]

  또한 쿡은 미국 엔터테인먼트의 글로벌화도 이미
바넘 때부터 시작되었다고 말한다. 바넘이 3년간
(1844~1846) 유럽 순회공연을 했을 뿐만 아니라 1870년대
엔 쿠바, 이집트, 하와이(합병 전), 호주, 뉴질랜드, 말레이시
아, 일본, 중국, 동인도제도까지 진출해 공연을 벌였다는
의미에서다. [92]

  바넘의 사후 바넘의 서커스 홍행은 그의 동업자인
제임스 앤서니 베일리James Anthony Bailey, 1847~1906가 계속 이
어나갔다. 바넘 & 베일리 서커스Barnum & Bailey Circus는 1907년
링링 브라더스The Ringling Brothers에 매입되었지만, 별도로

운영되다가 1919년 '링링 브라더스 앤드 바넘 & 베일리 서커스Ringling Bros. and Barnum & Bailey Circus'로 다시 태어나 오늘날까지 서커스 공연을 하고 있다. 오늘날엔 어떤 식으로 공연을 할까?

2015년 2월 『애틀랜타 중앙일보』는 공연을 알리는 기사에서 "서커스의 진수를 보여줄 140여 년 전통의 공연단체 '링링 브라더스와 바넘 & 베일리'의 공연이 애틀랜타 한인타운에서 펼쳐진다. 이번 공연은 오는 19일부터 3월 1일까지 둘루스 귀넷아레나에서 열린다. 정통 서커스의 고유한 재미를 그대로 유지하면서도 매번 새로운 콘셉트와 구성으로 관객들을 매료시켜온 '링링 브라더스와 바넘 & 베일리'의 이번 공연은 특별히 탄생 200주년을 맞은 공연단의 창시자 P. T. 바넘을 기념해 제작됐다. 바넘이 서커스에 처음으로 도입했던 기차를 이용한 묘기가 이번 공연의 하이라이트가 될 전망이다"며 다음과 같이 말한다.

"'링링 브라더스와 바넘 & 베일리'의 전매특허와도 같은 코끼리들은 이번에도 어김없이 등장한다. 동물 학대 논란에 코끼리는 물론 호랑이, 원숭이, 개 등을 이용한 서

바넘의 사후 바넘 서커스단은
'링링 브라더스 앤드 바넘 & 베일리 서커스'로 다시 태어나
오늘날까지 서커스 공연을 하고 있다.

커스 묘기가 점점 설 자리를 잃고 있지만 여전히 관객들에게는 가장 큰 웃음을 선사하며 사랑을 받는 프로그램들이기 때문이다. 육중한 몸집은 잊은 듯 줄을 지어 무대에 올라 앞다리를 들고 재롱을 부리거나 앞구르기 뒷구르기까지 소화해내는 코끼리들의 모습에 객석 여기저기서는 환호성이 터지고 말 것. 10여 마리의 호랑이를 조금의 두려움도 없이 자유자재로 다루는 조련사의 모습도 관객들의 큰 박수를 받곤 한다. 오토바이 위에 2~3층 높이로 인간탑을 쌓는 광경이나 대포 속에 들어가 하늘을 나는 '대포알 인간'의 모습 역시 놓칠 수 없는 구경거리다. 아슬아슬한 외줄타기를 아무렇지도 않게 몇 번씩 성공해내는 곡예사들의 묘기는 기본 중의 기본이다. 현재 둘루스 중앙문화센터는 한인들을 위해 정가 30달러의 서커스 티켓을 할인가인 10달러에 판매 중이다."[93]

매년 1억 명의 관람객을 세계 각지에서 모으며 "서커스를 종합예술의 반열에 올려놓았다"는 극찬을 받는 '태양의 서커스Cirque du Soleil'도 따지고 보면 바넘 덕분에 생겨난 것이다. 1984년 캐나다 퀘벡주 몬트리올에서 20명

규모의 작은 거리공연으로 시작된 '태양의 서커스'를 대표적인 글로벌 고품격 예술 공연으로 키운 주인공인 기 랄리베르테Guy Laliberté, 1959~는 어린 시절, 미국 순회 서커스단 '링링 브라더스 앤드 바넘 & 베일리 서커스' 공연을 보고 감동한 나머지 바넘의 전기를 구해 읽었는데, 이게 그만 그의 인생을 송두리째 바꿔놓은 것이다. 그는 바넘의 삶을 벤치마킹해 서커스로 26억 달러의 재산을 모아 캐나다 제11위, 전 세계 제459위의 부자가 되었다.[94]

　　'링링 브라더스 앤드 바넘 & 베일리 서커스'의 동물 쇼인 '지상 최대의 쇼'는 매회 평균 3,000명의 관객을 끄는 인기 서커스로 매년 미국 내 여러 도시에서 5,000회 정도 무대에 오르는데, 2013년 3월 20일부터 4월 1일까지 뉴욕 공연을 펼칠 땐 동물보호를 외치는 발레리나들이 벌인 항의 시위가 외신을 타기도 했다. 코끼리 43마리를 보유한 링링 브라더스 앤드 바넘 & 베일리 서커스의 모회사인 펠드 엔터테인먼트는 코끼리를 조련할 때 쇠갈고리인 '불훅bullhook'을 사용하고 채찍질도 가하는데 코끼리 피부는 얇고 민감해 벼락을 맞은 듯 고통스러워한다는 사실이

널리 알려지면서 동물보호단체들의 항의는 더욱 강해졌다.

펠드 엔터테인먼트는 동물학대 중지를 요구하는 동물보호단체들과 싸움·제소 등으로 수십만 달러에 달하는 벌금과 법정 비용이 누적되자 결국 백기를 들었다. 경영진은 2015년 5월 "100년 전통의 쇼를 중단한다는 게 살을 깎는 것보다 어려운 결정이지만 논란이 계속되니 '점보'를 포기하기로 했다"며 2018년부터 코끼리 묘기를 중단하겠다고 발표했다. 펠드 엔터테인먼트는 곧 작별인사를 고할 코끼리를 대신해 몽골낙타를 내세워 새 공연을 준비 중이지만, 대중은 "흥미 없다", "또 다른 동물학대"라며 싸늘한 반응을 보였다.

몰락해가는 서커스 산업의 그늘은 '태양의 서커스'에도 덮쳤다. '태양의 서커스'는 전통적 동물 쇼 모델을 버리고 할리우드식 스토리라인과 곡예 쇼로 폭발적 인기를 끌었지만, 이젠 미국의 대형 사모펀드 TPG캐피털에 공연단을 매각하며 "직원들 고용만 유지해달라"고 애원하는 처지가 되었다. 블룸버그통신은 "손바닥 속 각종 기기를 통해 원하는 강도의 자극적 콘텐츠를 바로 바로 얻을 수 있

一

二

는 시대"라며 "서커스는 이제 흘러간 '올드 편Old fun'"이라고 분석했다.[95] 서커스, 즉 바넘의 시대가 이제 종언을 고하고 있는 셈이다.

## 바넘은 '광고의 셰익스피어'

바넘이 죽자 그의 비판자들은 그를 용서하기 시작했다. 『뉴욕타임스』도 옹호의 대열에 섰다. 이 신문은 바넘이 고상한 척하지 않고 스스로 쇼맨showman임을 밝혀왔다는 점을 들어 그의 속임수를 용서한다는 자세를 취하면서 그를 "역사 이래로 최고의 쇼맨"이라고 평가했다.[96]

바넘으로 상징되는 미국 문화의 저속함에 대해 비판적이었던 영국 『더 타임스』(1891년 4월 9일자)는 바넘에 대한 장문의 기사를 통해 그의 탁월함을 인정하면서도 다소 냉소적인 평가를 내렸다. '바넘은 현대 민주주의의 기본 속성을 이해했다. 그는 인민people이 군중crowds, 그것도 돈을 지불하는 군중paying crowds이라는 걸 간파했다. 군중은 유행을 좋아했고, 그는 그것을 공급했다."[97]

그러나 점차 현대화되어가던 광고계는 바넘과 거리를 두고 싶어 했다. 1910년 7월 바넘 탄생 100주년 기념일에 광고업계 전문지인 『프린터스잉크Printers' Ink』는 바넘의 '광고 효과 역량'을 찬미하는 것은 의사들이 어느 돌팔이 의사를 자기들의 대부라고 찬미하는 것과 같다며, 이렇게 비판했다. "바넘은 급속도로 쇠퇴하고 있던 미국인의 특징적 기미氣味—비정상적인 것에 대한 이상야릇한 욕구의 기미, 야바위 술수를 찬미하는 경향, 그리고 가공스러운 것에 매혹되는 취향 등—를 이용했다."[98]

과연 그렇게 보아야 할까? 광고업계는 바넘과 동일시되는 것에 거부감을 느꼈는지 몰라도 광고계 밖의 사람들은 그렇게 생각하지 않았다. 아니 '현대 PR의 아버지'로 불리는 에드워드 버네이스Edward L. Bernays, 1891~1995도 그렇게 생각하지 않았다. 그는 1928년에 출간한 『선전 Propaganda』에서 "기업인 겸 광고인은 대중에게 다가서려면

—

二

P. T. 바넘의 방법을 완전히 무시할 수만은 없다는 데 점점 눈을 뜨고 있다'고 했다.[99]

1930년대에 미국 예일대학 영어학 교수이자 큰 인기를 끈 라디오 쇼 진행자였던 윌리엄 라이언 펠프스William Lyon Phelps, 1865~1943는 바넘을 "광고의 셰익스피어the Shakespeare of Advertising"라고 불렀다. 트위첼 역시 그런 평가에 동의한다. 그는 "헤밍웨이의 말대로 미국 문학이 마크 트웨인의 『허클베리 핀의 모험』에서 시작된다면, 미국의 광고는 바넘의 능란한 사기에서부터 시작된다. 바넘은 광고에 대한 새뮤얼 존슨의 유명한 정의― '약속이되, 과장된 약속'―를, 사람들의 관심을 끄는 언어와 이미지로 조용히 전환시키는 방법을 알고 있었다"며 다음과 같이 말한다.

"그의 유산에는 과대선전의 생산, 구원과 소비의 결합, 사이비 이벤트의 개척, 뉴미디어와 표상의 즉각적인 이용, 이야기를 가치로 바꾸기, 유명인 보증광고, 호기로운 약속에 의한 언어 침투, 순회공연의 능란한 활용 등이 포함되어 있으며, 여기에 무엇보다도 속는 자와 속이는 자 사이의, 사기당하는 자와 사기꾼 사이의, 광고하는 자와 청중

사이의 자기만족적이고 거들먹거리면서 비꼬는, 이상스럽게도 애정 어린 관계가 포함되어 있다."[100]

바로 그 애정 어린 관계에 주목한 광고인들은 광고 제작 시 판타지 요소를 가미한 엔터테인먼트의 가치를 높임으로써 사실상 바넘의 기법을 계승하게 된다.[101] 바넘의 광고·홍보술은 좀더 세련된 방식으로 오늘날까지 전승된 셈이라고 할 수 있겠다. 1999년 바넘을 주인공으로 한 4시간짜리 TV 다큐멘터리의 스크립트를 쓴 라이어넬 체트윈드Lionel Chetwynd, 1940~는 바넘에 대해 더 큰 의미를 부여한다.

체트윈드는 "바넘은 계급 시스템의 적이었으며, 자신이 민중의 수호자라고 믿었다"고 말한다. "바넘은 언어 없는 커뮤니케이션의 필요성을 알고 있었다. 이탈리아계, 폴란드 유대계, 노르웨이계 등 다양한 민족이 모여 사는 도시에서 바넘은 미국 엔터테인먼트의 미래가 언어를 초월하는 것에 달려 있다는 것을 이해했다. 그는 평생 평등주의의 대변자였다."[102]

오늘날 바넘은 선행 위주로 부각되는데, 그 기조는 미국의 장점과 연결시키는 것이다. 예컨대, 바넘을 미국적

개척 정신과 창의성의 화신으로 떠우는 식이다. 그의 일생을 다룬 뮤지컬 〈바넘〉은 오늘날까지도 공연되는데, 오프닝 송의 제목이 재미있다. "지금 이 순간에도 속기 위해 태어나는 사람들이 있다There's a sucker born every minute." 2010년 9월 26일 그의 고향인 베설에선 탄생 200주년을 기리는 동상 제막식이 열렸다.[103]

## '엔터테인먼트 민주주의'의 선구자

역사가 대니얼 부어스틴Daniel Boorstin, 1914~2004은 '아마도perhaps'라는 전제를 달긴 했지만 바넘을 가리켜 '의사사건의 최초의 현대적 달인the first modern master of pseudo-events'이라고 했고,[104] 칼 보드Carl Bode는 바넘을 '최초의 위대한 대중 엔터테인먼트 공급자our first great purveyor of mass entertainment'로 평가했다.[105]

나는 바넘을 '엔터테인먼트 민주주의'의 이론과 실천을 드라마틱하게 구현해 보인 선구자라는 평가를 내리고 싶다. 대중 민주주의 체제하에서 '야바위'나 '흥행을 위

—

二

한 엔터테인먼트' 요소를 완전 배제할 수 있을까? 그 어떤 숭고한 목표와 비전이 있다 하더라도 그 2가지를 잘해낼 수 없는 사람이 지도자의 위치에 서거나 지도자로서 성공할 수 있을까? 유감스럽게도 답은 부정적이다.

바넘은 어쩌면 자신의 의도와는 무관하게 이탈리아 정치가이자 사상가인 니콜로 마키아벨리Niccolò Machiavelli, 1469~1527가 소홀히 했던 점을 보완함으로써 그와 같은 반열이자 계열에 속하는 메시지를 우리에게 던진 건지도 모른다. 마키아벨리는 "성공 또는 실패의 원인은 행동을 시대의 흐름에 얼마나 잘 맞추느냐에 달려 있다The causes of the success or failure of men depend upon their manner of suiting their conduct to the times"고 했다.[106] 대중을 재미있게 만드는 수준의 야바위를 수반한 '엔터테인먼트 정치'는 현대 정치의 알파이자 오메가를 구성하는 시대적 흐름이 아니고 무엇이랴.

미국 대선에서 거친 입과 막말로 돌풍을 일으키면서 미국을 넘어서 한국 등 전 세계인들에게 관심과 더불어 즐거움을 선사하고 있는 도널드 트럼프Donald Trump, 1946~를 '21세기의 P. T. 바넘our 21st-century reincarnation of P. T. Barnum'

이라고 부르는 사람들이 있는 것도 그런 점에서 이해할 수 있겠다.[107]

2015년 8월 미국 외교전문매체 『포린폴리시Foreign Policy』의 대표 데이비드 로스코프David J. Rothkopf, 1955-는 "대선 후보들 중 트럼프만큼 대중의 관심을 끈 인물이 없다"며 "트럼프가 19세기 서커스 단장이자 흥행업자였던 P. T. 바넘의 기백과 프로레슬링 경기에서 볼 수 있는 수완을 결합해 공화당 내 주도권을 잡고 있다"고 평했다. 그러면서도 그는 "미국 정치사에서 트럼프 같은 바보를 많이 봐왔지만 대통령으로 꼽힌 적은 없다"며 미국인들은 대통령을 뽑을 때 지나치게 심각하기 때문에 트럼프가 당선되기는 쉽지 않을 것이라고 전망했다.[108]

어디 정치뿐이랴. 바넘이 남긴 족적이 워낙 큰 탓인지 어느 분야에서건 엄청난 자기홍보를 하면서 톡톡 튀는 언행을 보이는 사람을 묘사할 때엔 어김없이 바넘이라는 이름이 등장한다. 예컨대, 애슐리 반스Ashlee Vance는 『일론 머스크, 미래의 설계자』(2015)에서 '오늘날 가장 주목받고 있는 사업가이자 모험가'인 일론 머스크Elon R. Musk, 1971~에 대해 다음과 같이 말한다.

　"현실에서 머스크는 거짓 희망을 선전하며 로켓·전기자동차·태양전지판 등에 집착하는 사람이다. 스티브 잡스Steve Jobs와 비교하지 마라. 머스크는 공상과학 소설 분야의 P. T. 바넘으로, 두려움과 자기혐오를 극복하라고 다른 사람을 부추기면서 엄청난 부를 거머쥐고 있다.······예전에 실리콘밸리에서 열리는 행사에서 들었던 머스크의 허세 어린 말투는 종종 테크노 유토피안의 각본을 그대로 옮긴 것만 같았다.······하지만 2012년 초 나를 비롯한 냉소주의자들은 머스크가 실질적으로 달성한 업적을 인정해야 했다."[109]

## 엔터테인먼트가 지배하는 세상

　사람을 지루하게 만드는 건 죄악이다. 그런 좌우명에 따라 엔터테인먼트가 모든 걸 지배하는 세상이 되었다. 엔터테인먼트entertainment라는 말을 우리말로 번역하면 '오락'이 되겠지만, 엔터테인먼트는 오락보다는 넓은 개념이다. entertainment의 어원이 '특정한 틀로 붙들어 두다 entretenir'라는 12세기 프랑스어라는 사실이 시사하듯이,[110] 엔터테인먼트는 바넘의 시대보다 큰 규모와 강도로 우리의 일상적 삶의 구도와 풍경 자체를 형성하는 틀로 군림한다.

　엔터테인먼트가 정보information와 결합한 인포테인먼트infotainment, 디지털digital과 결합한 디지테인먼트 digitainment, 다큐멘터리documentary와 결합한 다큐테인먼트 docutainment, 아나운서announcer와 결합한 아나테인먼트 annatainment, 스포츠sports와 결합한 스포테인먼트sportainment, 예술art과 결합한 아트테인먼트art-tainment, 광고advertising와 결합한 애드테인먼트adtainment, 판촉promotion과 결합한 프로모테인먼트promotainment, 마켓market과 결합한 마켓테인먼트 marketainment, 쇼핑shopping과 결합한 쇼퍼테인먼트 shoppertainment, 유통retail과 결합한 리테일먼트retailment, 식사 eating와 결합한 이터테인먼트eatertainment, 자원봉사volunteering 와 결합한 볼런테인먼트voluntainment, 교육education과 결합한 에듀테인먼트edutainment, 의학medicine과 결합한 메디테인먼트meditainment, 일work과 결합한 워크테인먼트worktainment, 정치politics와 결합한 폴리테인먼트politainment 등등.

환자의 치료를 게임 형태로 구현하는, 즉 치료therapy 와 엔터테인먼트가 결합된 테라테인먼트theratainment도 나타났다.[111] 팝송 스타일의 새로운 성가를 따라 부르기 좋게 하려고 대형 스크린 TV를 설치하는가 하면 예배에 록 밴드

바넘은 생전 '야바위의 황제'로 불렸지만
사람들을 지루하게 만드는 건 죄악이라고 여겼다.

와 댄서들까지 동원하는 교회church가 많이 생겨나자 처치 테인먼트churchtainment라는 말도 등장했다.[112] 심지어 '티티 테인먼트tittytainment'라는 말까지 생겨났다. 즈비그뉴 브레진스키Zbigniew Brzezinski, 1928~가 만든 말로 '세계화'로 인해 '20대 80(부유층 20퍼센트, 빈곤층 80퍼센트)'으로 이루어진 세상에선 티티테인먼트가 판치게 될 것이란다. 이는 entertainment와 엄마 젖을 뜻하는 속어인 titty를 합한 말인데, 기막힌 오락물과 적당한 먹거리의 절묘한 결합을 통해서 이 세상의 좌절한 사람들을 기분 나쁘지 않게 만들 수 있다는 것이다.[113]

아니 이 세상 자체가 곧 엔터테인먼트는 아닐까? 뉴욕의 금융투자가 펠릭스 로하틴Felix Rohatyn, 1928~은 그렇게 믿는 사람이다. 그는 이렇게 주장했다. "크라이슬러 자동차는 쇼 비즈니스이다. 스포츠도 쇼 비즈니스이고, 헨리 키신저도 쇼 비즈니스이다. 이것이 시장의 현실이다. 언젠가 내가 말했듯이 이 세계의 모든 것이 쇼 비즈니스로 바뀌어가고 있다."[114]

로하틴의 주장에 과장이 있는 건 분명하지만, 터무

니없는 주장은 아니다. 엔터테인먼트의 위력에 대한 증언은 무수히 많다. 미국 제40대 대통령 로널드 레이건Ronald Reagan, 1911~2004은 "정치는 쇼 비즈니스"라고 했고, 그걸 성공적으로 입증해 보였다.[115] 역사학자 닐 게이블러Neal Gabler, 1950~는 "20세기 말, 미국을 이끌어가는 사업은 더이상 사업이 아니다. 그것은 엔터테인먼트다"고 말한다. 경영 컨설턴트 톰 피터스Tom Peters, 1942~도 "모든 사람이 엔터테인먼트 산업에 발을 들여놓았다고 말해도 절대로 과장이 아니다"고 말한다. 실리콘 그래픽스의 대표이사를 지낸 에드워드 매크래켄Edward McCracken, 1944~은 "이제 엔터테인먼트 산업은 과거에 국방 산업이 그랬던 것처럼 새로운 첨단 기술의 원동력이 되었다"고 말한다.[116]

## 선거는 '결말이 선명한 집단적 사기극'인가?

　　이젠 국민의 권리이자 의무라는 투표마저 엔터테인먼트의 유혹 대상이 되고 있다. 66년 전 미국 사회학자 데이비드 리스먼David Riesman, 1909~2002은 『고독한 군중The Lonely Crowd』에서 "매스미디어 비판자들은 일반적으로 미디어가 정치적 무관심을 조장한다고 생각하고 있는 것 같다. 어떻게 워싱턴이 할리우드 및 브로드웨이와 경쟁할 수 있겠느냐는 질문이 제기되곤 한다"고 했지만,[117] 그런 우려는 이젠 옛날이야기가 되고 말았다. 워싱턴은 스스로 할리우드 또는 브로드웨이가 되는 길을 택했기 때문이다. 물론 한

국도 다르지 않다. 선거는 진짜 엔터테인먼트와 겨루려는 정치 엔터테인먼트가 펼쳐지는 난장판으로 진화했다.

정치인의 공약公約은 공약空約이다! 유권자들이 잘 알고 있는 상식이지만, 그래도 선거 때만 되면 정치인들의 공약公約에 기대를 거는 게 유권자들의 심리다. 왜 정치인의 공약公約은 늘 공약空約이 되는 걸까? 처음부터 유권자들을 속이겠다는 마음을 먹은 정치인이 많기 때문이다. 오죽하면 정당들, 후보들 간의 '공약 경쟁'은 '결말이 선명한 집단적 사기극'이라는 말까지 나왔을까.[118]

유권자들은 그런 '집단적 사기극'의 피해자일망정 본의 아닌 공범이 되기도 한다. 이와 관련, 김종우는 이렇게 말한다. "선거에 나서는 사람들이 부도덕하게도 한 치의 부끄럼 없이 유권자들을 우롱하는 약속을 마구잡이로 해대는 이유는 너무나 단순하다. 그러한 거짓이 먹혀들기 때문이다. 일단 선거가 끝나고 나면 서명의 잉크도 마르기 전에 눈앞에서 약속이 파기되는데도 유권자들은 무감각하다."[119]

처음부터 사기 칠 의도가 없었던 정치인들이 없는 건 아니다. 소수나마 그런 정치인들의 공약公約이 공약空約

이 되는 이유를 선의로 해석하자면 우리 모두에게 나타나는 이른바 '계획 오류planning fallacy' 때문이다. 계획 오류는 어떤 일의 예측이나 계획 단계에서 낙관적으로 치우치는 현상을 말한다.[120]

하지만 '계획 오류'라면 해명은 있어야 하는 게 아닌가. "속는 줄 알면서도 속는다"는 유권자들의 심리를 잘 아는 정치인들은 공약公約을 공약空約으로 만드는 데에 일말의 주저도 없다. 완전 철면피鐵面皮라고 해도 좋을 정도로 당당하다. 유권자들도 그걸 문제 삼거나 분노하지도 않는다. 선거판 한판 잘 놀았다는 심리일까? 바넘과 관중의 관계와 너무 비슷하지 않은가?

정치를 좀 안다는 사람들은 '프레임frame'이 어떻다는 말을 즐겨한다. 2006년 미국 언어학자 조지 레이코프George Lakoff, 1941~의 저서 『코끼리는 생각하지 마: 미국 진보 세력은 왜 선거에서 패배하는가』가 국내에 번역·출간되어 국회의원들이 가장 많이 읽은 책이 되는 등 세간의 주목을 받으면서 '프레임'이라는 말이 널리 유행한 이후 벌어진 일이다. 레이코프가 제시한 구체적 사례를 감상해보자.

"조지 W. 부시가 백악관에 입성한 바로 그날부터 백악관에서는 '세금 구제tax relief'라는 용어가 흘러나오기 시작했습니다. 그리고 아직까지도 그렇습니다. 이 말은 그 해 국정 연설에서 여러 번 등장했고, 4년 뒤 선거 유세에서는 더욱 자주 등장하게 됩니다.…… '세금'이라는 말이 '구제' 앞에 붙게 되면, 그 결과로 다음과 같은 은유가 탄생합니다. 세금은 고통이다. 그리고 그것을 없애주는 사람은 영웅이고, 그를 방해하는 자는 나쁜 놈이다. 이것이 바로 프레임입니다."[121]

레이코프는 유권자들의 표심을 가르는 것은 진실이니 훌륭한 대안 정책의 상세 목록들이 아니라 가치와 인간적 유대, 진정성, 신뢰, 정체성이라고 말한다. "'진실이 너희를 자유롭게 하리라'는 것은 진보주의자들이 믿는 흔한 속설이다. 만약 바깥 세계에서 벌어지는 사실들 모두를 대중의 눈앞에 보여준다면, 합리적인 사람들은 모두 올바른 결론에 도달할 것이다. 그러나 이는 헛된 희망이다. 인간의 두뇌는 그런 식으로 작동하지 않는다. 중요한 것은 프레임이다. 한번 자리 잡은 프레임은 웬만해서는 내쫓기 힘들다."[122]

## '막장 드라마'로서의 정치

그러나 그렇게 어렵게 이야기하지 않아도 될 것 같다. 프레임은 정치가 이성보다는 감성이 작동하는 엔터테인먼트라는 걸 입증해주는 개념이다. 우리 인간이 원래 그렇게 만들어진 동물이다. 감정적 판단이 이성적 판단보다 발달한 것은 생존에 유리했기 때문이라고 하니,[123] 그 어떤 교육과 계몽에도 그런 이치는 달라질 것 같지 않다.

롤프 도벨리Rolf Dobelli는 "지난 10만여 년 동안 우리는 다른 사람들이 어떻게 생각하고 느끼는지를 감지해낼 수 있도록 특별히 뛰어난 감각을 발달시켜왔다"며 "사람들은 영양실조에 대한 통계자료에 냉담하게 반응하지만 바짝 말라서 애처로운 눈을 한 소녀의 사진엔 마음이 흔들린다"고 말한다. 그는 "이처럼 인간의 모습에 사람들의 관심이 쏠리게 되는 심리는 인류의 가장 중요한 문화적 발명품 가운데 하나인 소설이 왜 성공을 거두는가 하는 이유를 설명해준다" 며 다음과 같이 말한다.

"특히 시대를 뛰어넘어 사랑을 받는 몇몇 작품들은 인간들 사이에서 일어나는 갈등을 몇몇 개별적인 운명들에 고정시켜서 표현함으로써 몰입도를 높였다. 미국에서 청교도주의가 팽배하던 시기에 사회통념을 거스른 한 사람에게 공동체가 어떻게 심리적인 고문을 가했는지에 대해서는 관련 박사학위 논문을 찾아볼 수도 있을 것이다. 하지만 그 대신에 우리는 너새니얼 호손이 쓴 소설 『주홍글씨』를 읽는다. 그리고 1930년대를 강타했던 미국의 경제공황에 대해서는 어떤가? 당시의 경제상황을 분석한 어마어마한 통계와 자료가 있지만 경제공황으로 인해 비극을 겪게 되는 가족의 이야기에 대해 존 스타인벡이 쓴 『분노의 포도』를 읽는 것이 좀더 생생하게 느껴진다." [124]

선거는 진짜 엔터테인먼트와
겨루려는 정치 엔터테인먼트가 펼쳐지는 난장판으로 진화했다.
'정치는 쇼 비즈니스'라고 단언했던 미국 제40대 대통령 로널드 레이건.

그렇다. 우리는 드라마의 구조와 메커니즘으로 세상을 이해하고 판단한다. 소련 독재자 이오시프 스탈린Iosif Stalin, 1879~1953이 "한 사람의 죽음은 비극이지만, 백만 명의 죽음은 통계다"라고 말한 것이나, 테레사Teresa, 1910~1997 수녀가 인간 본성에 대해 "다수를 보면 행동하지 않고, 한 명만 본다면 행동한다"고 한 것은 모두 사실상 우리 인간의 그런 속성을 지적한 것으로 볼 수 있다.[125]

늘 드라마 감성이 흘러넘치는 한국에서 정치와 선거는 욕하면서도 즐기는 막장 드라마와 비슷해졌다고 해도 과언이 아니다. "대중은 속기 위해 태어났다"는 신조 하에 야바위는 필수가 되었다. 유권자는 야바위의 그럴듯함과 반전과 드라마틱함을 즐기고 평가할 뿐이다. 엔터테인먼트는 단지 웃고 떠드는 것만이 아니다. 멋진 영화나 드라마가 그러하듯이, 거기엔 눈물과 비애와 공감과 감동과 성찰 비슷한 것들도 있다.

'죽어야 사는 대통령'이라는 표현이 잘 말해주듯이,[126] 한국의 대통령들은 죽은 다음에서야 꼭 재평가를 받는다. 그것도 아주 드라마틱하게. 특히 노무현이 그랬고

김영삼이 그랬다. 김영삼에 대한 호감도가 19퍼센트에서 사후 51퍼센트로 수직상승한 데엔 이렇다 할 변화의 이유는 없다.[127] 단지 죽음이라는 변화만 있었을 뿐이다. 노무현처럼 '억울한 죽음'이라면 극적 효과가 치솟아 이전의 평가를 180도 역전시키는 괴력을 발휘하기도 한다.

'죽어야 사는 대통령'이라는 표현의 저작권자인 전수진은 "내 편 네 편을 갈라 쉬이 뜨거워지거나 식거나 하는 우리네 냄비 근성이 한몫하지 않았을까 조심스레 생각해본다"고 했지만, 근본적으로 정치가 엔터테인먼트가 아니라면, 달리 이해할 길이 없다. 정치를 엔터테인먼트로 이해하는 것은 의외로 우리 모두에게 이롭다. 무엇보다도 "진실이 너희를 자유롭게 하리라"는 속설의 착각에서 해방되어 세상을 있는 그대로 보고, 그에 따른 생각과 행동을 하는 데에 큰 도움이 될 것이기 때문이다. 이게 바로 바넘의 '엔터테인먼트 민주주의'가 우리에게 준 가장 큰 교훈이 아닐까?

1　제임스 B. 트위첼(James B. Twitchell), 김철호 옮김, 『욕망, 광고, 소비의 문화사』(청년사, 2000/2001), 30쪽.

2　Daniel J. Boorstin, 『The Image: A Guide to Pseudo-Events in America』(New York: Atheneum, 1961/1985), p.36.

3　James B. Twitchell, 『Lead Us Into Temptation: The Triumph of American Materialism』(New York: Columbia University Press, 1999), p.177.

4　Dorothy Auchter, 『Dictionary of Historical Allusions & Eponyms』(Santa Barbara, CA: ABC-CLIO, 1998), p.11.

5　제임스 B. 트위첼(James B. Twitchell), 김철호 옮김, 『욕망, 광고, 소비의 문화사』(청년사, 2000/2001), 32쪽.

6　『P. T. Barnum』, 『Wikipedia』.

7　제임스 B. 트위첼(James B. Twitchell), 김철호 옮김, 『욕망, 광고, 소비의 문화사』(청년사, 2000/2001), 32~33쪽. 뉴잉글랜드(New England)는 메인, 뉴햄프셔, 버몬트, 매사추세츠, 로드아일랜드, 코네티컷 등 6개 주를 포괄하는 지역이다.

8　James B. Twitchell, 『Branded Nation: The Marketing of Megachurch, College, Inc., and Museumworld』(New York: Simon & Schuster, 2004), pp.216~217.

9　Michael Emery & Edwin Emery, 『The Press and America: An Interpretive History of the Mass Media』, 8th ed.(Boston, MA: Allyn and Bacon, 1996); 이상철, 『커뮤니케이션 발달사』(일지사, 1982); 임근수, 『신문발달사』(정음사, 1986).

10　Michael Schudson, 『Discovering the News: A Social History of American

Newspapers』(New York: Basic Books, 1978), pp.14~60; 이상철, 『커뮤니케이션 발달사』(일지사, 1982), 245쪽.

11  피니어스 테일러 바넘(Phineas Taylor Barnum), 조윤정 옮김, 『공감을 잡아라: 쇼맨 바넘의 속임수 읽기』(파스칼북스, 1854/2004), 230쪽.

12  피니어스 테일러 바넘(Phineas Taylor Barnum), 조윤정 옮김, 『공감을 잡아라: 쇼맨 바넘의 속임수 읽기』(파스칼북스, 1854/2004), 236쪽.

13  피니어스 테일러 바넘(Phineas Taylor Barnum), 조윤정 옮김, 『공감을 잡아라: 쇼맨 바넘의 속임수 읽기』(파스칼북스, 1854/2004), 265쪽.

14  로이 윌리엄스(Roy H. Williams), 양종문 옮김, 『광고의 마법사』(김영사, 1999/2001), 77쪽.

15  Carl Bode, 「Introduction: Barnum Uncloaked」, John Seelye, ed., 『P. T. Barnum: Struggles and Triumphs(Edited and Abridged with an Introduction by Carl Bode)』(New York: Penguin Books, 1981), pp.12~13; Neil Harris, 『Humbug: The Art of P. T. Barnum』(Chicago, IL: The University of Chicago Press, 1973), pp.23~27.

16  Neil Harris, 『Humbug: The Art of P. T. Barnum』(Chicago, IL: The University of Chicago Press, 1973), p.33.

17  앨런 브링클리(Alan Brinkley), 황혜성 외 옮김, 『미국인의 역사 1』(비봉출판사, 1993/1998), 297~298쪽; 커윈 C. 스윈트(Kerwin C. Swint), 김정욱 · 이훈 옮김, 『네거티브, 그 치명적 유혹: 미국의 역사를 바꾼 최악의 네거티브 캠페인 25위~1위』(플래닛미디어, 2005/2007), 389~403쪽.

18  앨런 브링클리(Alan Brinkley), 황혜성 외 옮김, 『미국인의 역사 1』(비봉출판사, 1993/1998), 300~301쪽.

19  이구한, 『이야기 미국사: 태초의 아메리카로부터 21세기의 미국까지』(청아출판사, 2006), 235쪽; 리처드 셍크먼(Richard Shenkman), 이종인 옮김, 『미국사의 전설, 거짓말, 날조된 신화들』(미래M&B, 1988/2003), 79쪽.

20  「Barnum's American Museum」, 『Wikipedia』.

21  제임스 B. 트위첼(James B. Twitchell), 김철호 옮김, 『욕망, 광고, 소비의 문화사』(청년사, 2000/2001), 33~34쪽.

22  「Barnum's American Museum」, 『Wikipedia』. 바넘의 자서전을 보면 당시엔 글을 잘 모르는 사람이 많았던 것 같다. 바넘은 자신에게 돈을 구걸하는 편지가 많이 오는

데, 대부분 철자법이 엉망이라는 걸 지적한다. 예컨대, "내가 가난하다는 걸 하나님은 아신다"는 말을 "god Nose I am Poore"와 같이 쓴다는 것이다. John Seelye, ed., 『P. T. Barnum: Struggles and Triumphs(Edited and Abridged with an Introduction by Carl Bode)』(New York: Penguin Books, 1981), p.380.

23 제임스 B. 트위첼(James B. Twitchell), 김철호 옮김, 『욕망, 광고, 소비의 문화사』(청년사, 2000/2001), 39쪽; 「P. T. Barnum」, 「Wikipedia」.

24 제임스 B. 트위첼(James B. Twitchell), 김철호 옮김, 『욕망, 광고, 소비의 문화사』(청년사, 2000/2001), 36~37쪽.

25 Neal Gabler, 『Life the Movie: How Entertainment Conquered Reality』(New York: Vinatge Books, 1998/2000), pp.166~167. 강준만, 「'자본 없는 반란'이 가능한가?: 페미니즘, 상업주의, 그리고 마돈나」, 『이미지와의 전쟁: 커뮤니케이션 사상가와 실천가들』(개마고원, 2000), 294~327쪽 참고.

26 아메리칸들소를 가리키는 버펄로(buffalo)는 과학적으로 올바른 이름은 아니다. American bison이라고 하는 게 맞다. 그런데 미국에선 bison(1774년부터 사용)이라는 단어 이전에 1625년경부터 buffalo라는 단어가 사용되어 오늘날까지도 많은 사람이 buffalo라고 하니 우리도 그냥 따를 수밖에 없을 것 같다.

27 Neil Harris, 『Humbug: The Art of P. T. Barnum』(Chicago, IL: The University of Chicago Press, 1973), pp.61~62.

28 피니어스 테일러 바넘(Phineas Taylor Barnum), 조윤정 옮김, 『공감을 잡아라: 쇼맨 바넘의 속임수 읽기』(파스칼북스, 1854/2004), 365~366쪽.

29 피니어스 테일러 바넘(Phineas Taylor Barnum), 조윤정 옮김, 『공감을 잡아라: 쇼맨 바넘의 속임수 읽기』(파스칼북스, 1854/2004), 442쪽.

30 「P. T. Barnum」, 「Wikipedia」.

31 A. H. Saxon, 『P. T. Barnum: The Legend and the Man』(New York: Columbia University Press, 1989), pp.164~165.

32 피니어스 테일러 바넘(Phineas Taylor Barnum), 조윤정 옮김, 『공감을 잡아라: 쇼맨 바넘의 속임수 읽기』(파스칼북스, 1854/2004), 452쪽.

33 이재훈, 「안네 소피 폰 오터, 7년 만에 내한」, 『뉴시스』, 2015년 9월 25일.

34 John Storey, 『Inventing Popular Culture: From Folklore to Globalization』(Malden, MA: Blackwell, 2003), pp.32~41.

35 Lawrence W. Levine, 「Highbrow/Lowbrow: The Emergence of Cultural Hierarchy in America」(Cambridge, MA: Harvard University Press, 1988), pp. 100~101.

36 Lawrence W. Levine, 「Highbrow/Lowbrow: The Emergence of Cultural Hierarchy in America」(Cambridge, MA: Harvard University Press, 1988), pp. 100~101.

37 Lawrence W. Levine, 「Highbrow/Lowbrow: The Emergence of Cultural Hierarchy in America」(Cambridge, MA: Harvard University Press, 1988), p.69.

38 윌리엄 로마노프스키(William D. Romanowski), 신국원 옮김, 「대중문화전쟁」(예영커뮤니케이션, 1996/2001), 247쪽.

39 원용진, 「대중문화의 패러다임」(한나래, 1996), 85쪽.

40 윌리엄 로마노프스키(William D. Romanowski), 신국원 옮김, 「대중문화전쟁」(예영커뮤니케이션, 1996/2001), 98쪽.

41 피니어스 테일러 바넘(Phineas Taylor Barnum), 조윤정 옮김, 「공감을 잡아라: 쇼맨 바넘의 속임수 읽기」(파스칼북스, 1854/2004), 6쪽.

42 피니어스 테일러 바넘(Phineas Taylor Barnum), 조윤정 옮김, 「공감을 잡아라: 쇼맨 바넘의 속임수 읽기」(파스칼북스, 1854/2004), 339쪽.

43 피니어스 테일러 바넘(Phineas Taylor Barnum), 조윤정 옮김, 「공감을 잡아라: 쇼맨 바넘의 속임수 읽기」(파스칼북스, 1854/2004), 339쪽.

44 「P. T. Barnum」, 「Wikipedia」.

45 James W. Cook, ed., 「The Colossal P. T. Barnum Reader」(Urbana: University of Illinois Press, 2005), p.9.

46 P. T. 바넘(P. T. Barnum), 서유진 옮김, 「부의 황금률: 150년 전 부자, 바넘이 들려주는」(스마트비즈니스, 1880/2007), 35~37쪽.

47 P. T. Barnum, 「The Art of Money Getting or Golden Rules for Making Money」(Watchmaker, 1880/1932), p.12; P. T. 바넘(P. T. Barnum), 서유진 옮김, 「부의 황금률: 150년 전 부자, 바넘이 들려주는」(스마트비즈니스, 1880/2007), 24쪽.

48 그랜트 매크래켄(Grant McCracken), 이상률 옮김, 「문화와 소비: 소비재와 소비행위의 상징적인 성격에 대한 새로운 접근」(문예출판사, 1988/1996), 252~263쪽; Juliet B. Schor, 「The Overspent American: Why We Want What We Don't Need」(New York: HarperPerennial, 1998/1999), pp.145~147; 황샤오린(黃曉林)·황멍시(黃夢溪), 「세상은 2대 8로 돌아가고 돈은 긴꼬리가 만든다」(더숲, 2010/2011), 70쪽;

「Diderot effect」, 『Wikipedia』.

49  P. T. Barnum, 『The Art of Money Getting or Golden Rules for Making Money』(Watchmaker, 1880/1932), p.67.

50  A. H. Saxon, 『P. T. Barnum: The Legend and the Man』(New York: Columbia University Press, 1989), p.205.

51  「P. T. Barnum」, 『Wikipedia』; A. H. Saxon, 『P. T. Barnum: The Legend and the Man』(New York: Columbia University Press, 1989), p.206.

52  John Bemelmans Marciano, 『Toponymity: An Atlas of Words』(New York: Bloomsbury, 2010), pp.116~117; Jordan Almond, 『Dictionary of Word Origins: A History of the Words, Expressions, and Cliches We Use』(Secaucus, NJ: Citadel Press, 1997), p.220.

53  Neil Harris, 『Humbug: The Art of P. T. Barnum』(Chicago, IL: The University of Chicago Press, 1973), pp.160~164; A. H. Saxon, 『P. T. Barnum: The Legend and the Man』(New York: Columbia University Press, 1989), pp.208~209; Charles Strum, 「Spotlight; That Rascal Who Helped Invent America」, 『New York Times』, September 12, 1999.

54  A. H. Saxon, 『P. T. Barnum: The Legend and the Man』(New York: Columbia University Press, 1989), pp.216~218.

55  양홍석, 「고귀한 야만: 버펄로 빌 코디의 서부활극을 통해 본 미국의 폭력, 계급 그리고 인종」(동국대학교출판부, 2008), 50쪽.

56  양홍석, 「고귀한 야만: 버펄로 빌 코디의 서부활극을 통해 본 미국의 폭력, 계급 그리고 인종」(동국대학교출판부, 2008), 40쪽.

57  토머스 J. 딜로렌조(Thomas J. DiLorenzo), 남경태 옮김, 『링컨의 진실: 패권주의-위대한 해방자의 정치적 초상』(사회평론, 2002/2003), 249쪽.

58  하워드 진(Howard Zinn), 이아정 옮김, 『오만한 제국: 미국의 이데올로기로부터 독립』(당대, 1991/2001), 273쪽; 박진빈, 『백색국가 건설사: 미국 혁신주의의 빛과 그림자』(앨피, 2006), 145쪽.

59  하워드 민즈(Howard Means), 황진우 옮김, 『머니 & 파워: 지난 천년을 지배한 비즈니스의 역사』(경영정신, 2001/2002), 134~135쪽.

60  Christine Ammer, 『The Facts on File Dictionary of Clichés』(New York:

Checkmark Books, 2001), p.403. circus(서커스)는 그리스어 kirkos(circle, ring)에서 나온 말로, 원형 광장이라는 뜻도 있다. 옛날의 서커스는 구경꾼들이 둘러싼 원형의 공간에서 이루어졌으며, 로마시대의 서커스 경기장도 원형으로 이루어졌기 때문에 붙여진 이름이다. 검투사들의 피 튀기는 살육전도 서커스라는 이름으로 불렸지만, 오늘날엔 곡마·곡예 등의 묘기를 보여주는 구경거리로 한정되었다. Editors of the American Heritage Dictionaries, 『More Word Histories and Mysteries: From Aardvark to Zombie』(New York: Houghton Mifflin, 2006), pp.52~53; Webb Garrison, 『What's in a Word?』(Dallas, TX: Thomas Nelson, 2000), pp.20~21.

61 Lynn Groh, 『P. T. Barnum: King of the Circus』(New York: Dell, 1966), pp.76~77; Daniel J. Boorstin, 『The Image: A Guide to Pseudo-Events in America』(New York: Atheneum, 1961/1985), p.210.

62 Max Cryer, 『Common Phrases』(New York: Skyhorse, 2010), pp.156~157; John Bemelmans Marciano, 『Anonyponymous: The Forgotten People Behind Everyday Words』(New York: Bloomsbury, 2009), pp.58~59; 빌 브라이슨(Bill Bryson), 정경옥 옮김, 『빌 브라이슨 발칙한 영어산책: 엉뚱하고 발랄한 미국의 거의 모든 역사』(살림, 1994/2009), 581~583쪽; 제임스 B. 트위첼(James B. Twitchell), 김철호 옮김, 『욕망, 광고, 소비의 문화사』(청년사, 2000/2001), 35쪽; 「Jumbo」, 『Wikipedia』.

63 「P. T. Barnum」, 『Wikipedia』.

64 William Morris & Mary Morris, 『Morris Dictionary of Word and Phrase Origins』, 2nd ed.(New York: Harper & Row, 1971), p.610.

65 제임스 B. 트위첼(James B. Twitchell), 김철호 옮김, 『욕망, 광고, 소비의 문화사』(청년사, 2000/2001), 39~40쪽.

66 Carl Bode, 「Introduction: Barnum Uncloaked」, John Seelye, ed., 『P. T. Barnum: Struggles and Triumphs(Edited and Abridged with an Introduction by Carl Bode)』(New York: Penguin Books, 1981), p.21.

67 Lynn Groh, 『P. T. Barnum: King of the Circus』(New York: Dell, 1966), p.56.

68 A. H. Saxon, 『P. T. Barnum: The Legend and the Man』(New York: Columbia University Press, 1989), pp.288~289; Carl Bode, 「Introduction: Barnum Uncloaked」, John Seelye, ed., 『P. T. Barnum: Struggles and Triumphs(Edited and Abridged with an Introduction by Carl Bode)』(New York: Penguin

Books, 1981), p.26.

69 강현식, 『꼭 알고 싶은 심리학의 모든 것』(소울메이트, 2010), 178쪽.

70 Orin Hargraves, ed., 『New Words』(New York: Oxford University Press, 2004), pp.19~20.

71 토머스 길로비치(Thomas Gilovich), 이양원 · 장근영 옮김, 『인간 그 속기 쉬운 동물: 미신과 속설은 어떻게 생기나』(모멘토, 1991/2008), 95쪽.

72 최인철, 『돈 버는 심리 돈 새는 심리: 심리학으로 풀어본 경제 이야기』(랜덤하우스중앙, 2005), 126쪽.

73 리처드 니스벳(Richard E. Nisbett), 최인철 옮김, 『생각의 지도: 동양과 서양, 세상을 바라보는 서로 다른 시선』(김영사, 2003/2004), 176~179쪽.

74 리처드 와이즈먼(Richard Wiseman), 한창호 옮김, 『괴짜 심리학』(웅진지식하우스, 2007/2008), 35~36쪽.

75 리처드 와이즈먼(Richard Wiseman), 김영선 옮김, 『미스터리 심리학: 이성을 마비시키는 점술, 유령, 초능력의 진실』(웅진지식하우스, 2011), 41쪽.

76 「바넘 효과[Barnum effect]」, 『두산백과』; 김현식, 『트렌드와 심리: 대중문화 읽기』(울력, 2010), 152~153쪽; 「Forer effect」, 『Wikipedia』; 「Bertram Forer」, 『Wikipedia』; 토머스 키다(Thomas Kida), 박윤정 옮김, 『생각의 오류』(열음사, 2006/2007), 95~96쪽.

77 소영현, 「미신의 통치술, 속설의 계보학」, 소영현 · 이하나 · 최기숙, 『감정의 인문학』(봄아필, 2013), 167~181쪽.

78 강준만, 「왜 점쟁이를 찾는 사람이 많은가?: 바넘 효과」, 『우리는 왜 이렇게 사는 걸까?: 세상을 꿰뚫는 50가지 이론 2』(인물과사상사, 2014), 219~224쪽 참고.

79 미하엘 코르트(Michael Korth), 권세훈 옮김, 『광기에 관한 잡학사전』(을유문화사, 2009), 483~489쪽; 김재신, 『마크 트웨인: 생애와 '허클베리 핀의 모험'』(건국대학교출판부, 1994), 66~67쪽.

80 밥 돌(Bob Dole), 김병찬 옮김, 『대통령의 위트: 조지 워싱턴에서 부시까지』(아테네, 2001/2007), 107쪽.

81 조윤정, 「옮긴이의 말」, 피니어스 테일러 바넘(Phineas Taylor Barnum), 조윤정 옮김, 『공감을 잡아라: 쇼맨 바넘의 속임수 읽기』(파스칼북스, 1854/2004), 579쪽.

82 Neil Harris, 『Humbug: The Art of P. T. Barnum』(Chicago, IL: The University of Chicago Press, 1973), p.282; A. H. Saxon, 『P. T. Barnum: The Legend and

the Man』(New York: Columbia University Press, 1989), p.257.

83 제임스 B. 트위첼(James B. Twitchell), 김철호 옮김, 『욕망, 광고, 소비의 문화사』(청년사, 2000/2001), 38쪽.

84 James W. Cook, 「Introduction: The Architect of the Modern Culture Industry」, James W. Cook, ed., 『The Colossal P. T. Barnum Reader』(Urbana: University of Illinois Press, 2005), p.6.

85 R. Laurence Moore, 『Selling God: American Religion in the Marketplace of Culture』(New York: Oxford University Press, 1994), p.108. 물론 이는 그가 믿는 '보편구원주의(universalism)'에서 비롯된 생각이기도 했다. 1779년 매사추세츠의 글로스터(Gloucester)에서 독립교파로 설립된 보편구원주의는 전통적인 칼뱅주의의 예정설을 거부하고 구원은 모든 사람에게 유효하다고 생각했다. 그런 의미에서 universalism이라는 이름이 붙은 것이다. 보편구원주의는 삼위일체론도 거부했으며, 예수는 단지 위대한 종교적 교사일 뿐 하나님의 아들은 아니라고 주장해 이단으로 비난받기도 했다. 앨런 브링클리(Alan Brinkley), 황혜성 외 옮김, 『미국인의 역사 1』(비봉출판사, 1993/1998), 213쪽; A. H. Saxon, 『P. T. Barnum: The Legend and the Man』(New York: Columbia University Press, 1989), pp.49~50.

86 James B. Twitchell, 『Shopping for God: How Christianity Went From In Your Heart to In Your Face』(New York: Simon & Schuster, 2007), pp.42, 156~157.

87 「P. T. Barnum」, 『Wikipedia』.

88 James W. Cook, 「Introduction: The Architect of the Modern Culture Industry」, James W. Cook, ed., 『The Colossal P. T. Barnum Reader』(Urbana: University of Illinois Press, 2005), p.6.

89 James W. Cook, 「Introduction: The Architect of the Modern Culture Industry」, James W. Cook, ed., 『The Colossal P. T. Barnum Reader』(Urbana: University of Illinois Press, 2005), p.6.

90 제임스 B. 트위첼(James B. Twitchell), 김철호 옮김, 『욕망, 광고, 소비의 문화사』(청년사, 2000/2001), 41쪽; Carl Bode, 「Introduction: Barnum Uncloaked」, John Seelye, ed., 『P. T. Barnum: Struggles and Triumphs(Edited and Abridged with an Introduction by Carl Bode)』(New York: Penguin Books, 1981), p.24.

91 James W. Cook, 「Introduction: The Architect of the Modern Culture Industry」,

James W. Cook, ed., 『The Colossal P. T. Barnum Reader』(Urbana: University of Illinois Press, 2005), p.4.

92 James W. Cook, 「Introduction: The Architect of the Modern Culture Industry」, James W. Cook, ed., 『The Colossal P. T. Barnum Reader』(Urbana: University of Illinois Press, 2005), p.7.

93 「호랑이가 코끼리랑 붙으면?: 140년 전통 '링링 브라더스와 바넘 & 베일리'」, 『애틀랜타 중앙일보』, 2015년 2월 19일.

94 정지원, 「글로벌 영웅 시리즈 〈40〉 태양의 서커스 창업자 기 랄리베르테」, 『중앙일보』, 2015년 1월 25일.

95 「Ringling Bros. and Barnum & Bailey Circus」, 『Wikipedia』; 「서커스를 싫어하는 발레리나?」, 『로이터』, 2013년 3월 21일; 이수지, 「미국 '지상 최대의 쇼' 코끼리 서커스 2018년 중단」, 『뉴시스』, 2015년 3월 6일; 이지용, 「세월엔 장사 없다…블록버스터급 서커스 산업의 몰락」, 『매일경제』, 2015년 4월 18일.

96 Neil Harris, 『Humbug: The Art of P. T. Barnum』(Chicago, IL: The University of Chicago Press, 1973), p.279.

97 James W. Cook, ed., 『The Colossal P. T. Barnum Reader』(Urbana: University of Illinois Press, 2005), p.237.

98 잭슨 리어스(Jackson Lears), 「광고와 대중사회」, 데이비드 크롤리(David Crowley)·폴 헤이어(Paul Heyer) 엮음, 김지운 옮김, 『인간 커뮤니케이션의 역사: 기술·문화·사회』(커뮤니케이션북스, 2007/2012), 435쪽.

99 에드워드 버네이스(Edward Louis Bernays), 강미경 옮김, 『프로파간다: 대중심리를 조종하는 선전 전략』(공존, 1928/2009), 159~160쪽.

100 제임스 B. 트위첼(James B. Twitchell), 김철호 옮김, 『욕망, 광고, 소비의 문화사』(청년사, 2000/2001), 30, 41쪽.

101 T. J. Jackson Lears, 「From Salvation to Self-Realization: Advertising and the Therapeutic Roots of the Consumer Culture, 1880-1930」, Richard Wightman Fox & T. J. Jackson Lears, eds., 『The Culture of Consumption: Critical Essays in American History, 1880-1980』(New York: Pantheon Books, 1983), p.28.

102 Charles Strum, 「Spotlight; That Rascal Who Helped Invent America」, 『New York Times』, September 12, 1999.

103 「P. T. Barnum」, 「Wikipedia」.

104 Daniel J. Boorstin, 『The Image: A Guide to Pseudo-Events in America』(New York: Atheneum, 1961/1985), p.210. pseudo-event는 매스미디어에 의해 보도되기 위해 꾸며진 '사건'이지만 그렇다고 완전히 '가짜'는 아니다. 아마도 '의사(擬似: 실제와 비슷함)'라는 표현이 적합할 것이다. 그리스어에서 비롯된 접두어 pseudo도 그런 의미에 가깝다. 부어스틴은 '의사사건'의 특성으로 다음과 같은 4가지를 들고 있다. (1) 의사사건은 우연한 것이 아니라 계획적인 것이다. 기차 사고나 지진은 의사사건이 아니지만 인터뷰는 의사사건이다. (2) 의사사건은 보도되거나 재생산되기 위한 즉각적인 목적을 위해 계획된 것이다. 그러므로 의사사건의 발생은 미디어에 의해 보도되거나 재생산되기에 편리하게끔 계획된다. 그 성공은 얼마나 크게 그리고 널리 보도되었는지에 따라 측정된다. (3) 의사사건이 실제 현실과 맺는 관계는 모호하다. 바로 그런 모호함 때문에 의사사건은 사람들의 관심을 끌게 된다. (4) 의사사건은 '자기충족적 예언'이 이루어지게끔 하는 의도를 갖는다.(pp.11~12)

105 Carl Bode, 「Introduction: Barnum Uncloaked」, John Seelye, ed., 『P. T. Barnum: Struggles and Triumphs(Edited and Abridged with an Introduction by Carl Bode)』(New York: Penguin Books, 1981), p.9.

106 Niccolo Machiavelli, 『The Prince and The Discourses』(New York: The Modern Library, 1950), p.441.

107 "our 21st-century reincarnation of P. T. Barnum"은 미국 소설가 커트 앤더슨(Kurt Anderson, 1954~)이 2006년에 한 말이다. Maureen Dowd, 「Trump the Disrupter」, 『New York Times』, August 8, 2015.

108 고경석, 「美 대통령이 거치는 7단계 중, 오바마는 5단계에: 포린 폴리시, 대통령 변화 분석」, 『한국일보』, 2015년 8월 26일.

109 애슐리 반스(Ashlee Vance), 안기순 옮김, 『일론 머스크, 미래의 설계자』(김영사, 2015), 14~15쪽.

110 문강형준, 『혁명은 TV에 나오지 않는다: 〈무한도전〉에서 〈나꼼수〉까지, 한국 대중문화의 안과 밖』(이매진, 2012), 34쪽.

111 최윤식·정우석, 『10년 전쟁 누가 비즈니스 패권을 차지할 것인가』(알키, 2011), 168~169쪽.

112 페이스 팝콘(Faith Popcorn)·리스 마리골드(Lys Marigold), 조은정·김영신 옮김, 『클릭! 미래 속으로』(21세기북스, 1999), 109쪽.

113 한스 피터 마르틴(Hans-Peter Martin)·하랄트 슈만(Harald Schumann), 『세계화의 덫: 민주주의와 삶의 질에 대한 공격』(영림카디널, 1997), 27쪽; 요아나 브라이덴바흐(Joana Breidenbach)·이나 추크리글(Ina Zukrigl), 인성기 옮김, 『춤추는 문화: 세계화 시대의 문화적 다원화』(영림카디널, 1998/2003), 13쪽.

114 다비트 보스하르트(David Bosshart), 박종대 옮김, 『소비의 미래: 21세기 시장 트렌드』(생각의나무, 2001), 202쪽.

115 강준만, 『정치는 쇼비즈니스다』(인물과사상사, 1998).

116 강준만, 『한국인을 위한 교양사전』(인물과사상사, 2004), 137쪽.

117 David Riesman, Nathan Glazer, Reuel Denney, 『The Lonely Crowd: A Study of the Changing American Character』(Garden City, N.Y.: Doubleday Anchor Books, 1950/1954), p.228.

118 김종구, 「'공약 경쟁'이란 '집단 사기극'을 걷어치우라」, 『한겨레』, 2014년 1월 28일.

119 김종우, 「또 국민 우롱하는 선거철 공약들」, 『경향신문』, 2014년 2월 14일.

120 강준만, 「왜 정치인의 공약은 늘 공약이 되는가?: 계획 오류」, 『우리는 왜 이렇게 사는 걸까?: 세상을 꿰뚫는 50가지 이론 2』(인물과사상사, 2014), 79~84쪽 참고.

121 조지 레이코프, 유나영 옮김, 『코끼리는 생각하지 마: 미국의 진보 세력은 왜 선거에서 패배하는가』(삼인, 2006), 24~25쪽.

122 조지 레이코프, 유나영 옮김, 『코끼리는 생각하지 마: 미국의 진보 세력은 왜 선거에서 패배하는가』(삼인, 2006), 141쪽. 강준만, 「왜 진보 세력은 선거에서 패배하는가?: 프레임 이론」, 『우리는 왜 이렇게 사는 걸까?: 세상을 꿰뚫는 50가지 이론 2』(인물과사상사, 2014), 285~290쪽 참고.

123 마크 뷰캐넌(Mark Buchanan), 김희봉 옮김, 『사회적 원자: 세상만사를 명쾌하게 해명하는 사회 물리학의 세계』(사이언스북스, 2007/2010), 189쪽; 이영완, 「"정치적 판단은 이성 아닌 감정 뇌가 한다"」, 『조선일보』, 2006년 2월 8일, A19면.

124 롤프 도벨리(Rolf Dobelli), 두행숙 옮김, 『스마트한 선택들: 후회 없는 결정을 하기 위해 꼭 알아야 할 52가지 심리 법칙』(걷는나무, 2012/2013), 202~205쪽.

125 강준만, 「왜 "한 명의 죽음은 비극, 백만 명의 죽음은 통계"인가?: 사소한 것에 대한 관심의 법칙」, 『감정 독재: 세상을 꿰뚫는 50가지 이론』(인물과사상사, 2013), 301~307쪽 참고.

126 전수진, 「[분수대] 죽어야 사는 대통령」, 『중앙일보』, 2015년 11월 28일.

127 유정인, 「YS에 호감' 19%→51% 수직상승」, 『경향신문』, 2015년 11월 28일.

흥행의 천재
바넘

© 강준만, 2016

초판 1쇄  2016년  1월 11일 찍음
초판 1쇄  2016년  1월 15일 펴냄

지은이 | 강준만
펴낸이 | 강준우
기획 · 편집 | 박상문, 박지석, 박효주, 김환표
디자인 | 이은혜, 최진영
마케팅 | 이태준, 박상철
인쇄 · 제본 | 대정인쇄공사

펴낸곳 | 인물과사상사
출판등록 | 제17-204호 1998년 3월 11일

주소 | (121-839) 서울시 마포구 서교동 392-4 삼양E&R빌딩 2층
전화 | 02-325-6364
팩스 | 02-474-1413
www.inmul.co.kr | insa@inmul.co.kr

ISBN  978-89-5906-387-1  04300
      978-89-5906-386-4 (세트)
값 10,000원

이 도서의 국립중앙도서관 출판시도서목록(CIP)은 서지정보유통지원시스템 홈페이지
(http://seoji.nl.go.kr)와 국가자료공동목록시스템(http://www.nl.go.kr/kolisnet)에서
이용하실 수 있습니다.